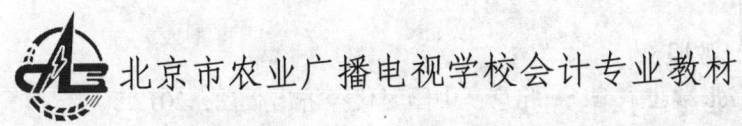

北京市农业广播电视学校会计专业教材

财务管理与分析

丛书主编　朱启酒　昝景会
本册主编　张彩迎
审　稿　李志荣

中国时代经济出版社

图书在版编目（CIP）数据

财务管理与分析/张彩迎主编. —北京：中国时代经济出版社，2012.8
北京市农业广播电视学校会计专业教材/朱启酒，昝景会主编
ISBN 978-7-5119-1217-6

Ⅰ. ①财…　Ⅱ. ①张…　Ⅲ. ①财务管理–广播电视教育–教材
Ⅳ. ①F275

中国版本图书馆 CIP 数据核字（2012）第 187254 号

书　　名：	财务管理与分析
作　　者：	张彩迎

出版发行：	中国时代经济出版社
社　　址：	北京市丰台区玉林里 25 号楼
邮政编码：	100069
发行热线：	（010）68320825　83910203
传　　真：	（010）68320634　83910203
网　　址：	www.cmepub.com.cn
电子邮箱：	zgsdjj@hotmail.com
经　　销：	各地新华书店
印　　刷：	三河市国新印装有限公司
开　　本：	787×1092　1/16
字　　数：	205 千字
印　　张：	10.75
版　　次：	2012 年 8 月第 1 版
印　　次：	2012 年 8 月第 1 次印刷
书　　号：	ISBN 978-7-5119-1217-6
定　　价：	31.00 元

本书如有破损、缺页、装订错误、请与本社发行部联系更换
版权所有　侵权必究

北京市农业广播电视学校会计专业教材

编委会

主　任　王福海

主　编　朱启酒　昝景会

编　委（按姓氏笔画排序）

马贵峰	马雪雁	王成芝	王秀君	邓应强
田　波	史文华	刘　华	刘庆元	刘　强
刘　磊	闫立勤	关　心	安建麒	杨学良
杨继虹	李玉池	李海宁	邱　强	何　军
宋广君	宋　兵	张小平	张玉国	张振义
张　颉	张新华	郝洪学	要红霞	徐万厚
贺怀成	高亚东	黄　刚	董国良	鲍世超

序

　　北京市农业广播电视学校是集中等学历教育、绿色证书教育培训、新型农民科技培训、农村劳动力转移培训、创业培训、职业技能鉴定、各种实用技术培训和信息服务、技术推广等多种功能为一体的综合性农民教育培训机构；是运用现代多媒体教育手段，多形式、多层次、多渠道开展农民科技教育培训的学校；是运用远程教育开展覆盖京郊广大农村的教育培训体系。北京市农广校已成为京郊重要的农业职业教育、农民科技培训、农村实用人才培养基地。随着北京都市型农业建设及城乡一体化经济的发展，京郊农民教育需求也从传统农业技术逐渐转移到适应现代农业经济发展的管理、金融知识等方向；教学形式也逐步向面授、广播、电视、远程教育相融合的方向发展。

　　为探索会计专业的教育规律和教学特色，推动该专业的建设和教学改革，在总结、借鉴国内外各类职业教育课程教学模式的基础上，针对成人非全日制教学特点，依据职业教育的本质和会计工作岗位个性特征，综合会计专业课程体系构建的基本要素，以会计职业入门资格为基础、会计岗位工作实践能力为核心、项目训练为载体，我们组织常年在教学第一线的专任教师，编制了这套项目课程模式教材，并配有教学课件。系列教材包括《财经法规与会计职业道德》、《基础会计》、《工商企业会计》、《实用会计信息化》、《会计模拟实训》、《统计基础》、《金融与税收》、《财务管理与分析》八本。

　　本套教材编写力求符合农民学员的文化基础条件，通俗易懂。其内容采用案例教学与实践操作相结合的形式，大量例题分析，每章之后都附有思考题和练习题。书后附有参考答案，便于学生自测后的检查。

　　本套教材既适用于成人中等职业教育会计类专业的定向培训，同时，也可作为会计从业人员的自我阅读和学习、培训用书。

　　限于编者的水平和经验，书中难免存在疏漏和不足之处，敬请读者批评指正。

编　者

2012.8

目 录

第一章 总论 ·· 1
  第一节 财务管理目标 ·· 1
  第二节 财务管理环节 ·· 5
  练习题 ·· 7

第二章 筹资管理 ·· 11
  第一节 筹资管理概述 ·· 11
  第二节 股权筹资 ··· 13
  第三节 债务筹资 ··· 17
  第四节 资金需要量预测 ·· 22
  第五节 资本成本与资本结构 ··· 28
  练习题 ·· 43

第三章 投资管理 ·· 50
  第一节 投资管理概述 ·· 50
  第二节 财务可行性要素的估算 ··· 53
  第三节 投资项目财务可行性评价指标的测算 ····················· 64
  第四节 项目投资决策方法及应用 ······································ 76
  练习题 ·· 81

第四章 营运资金管理 ·· 87
  第一节 营运资金管理概述 ·· 87
  第二节 现金管理 ··· 88
  第三节 应收账款管理 ·· 91
  第四节 存货管理 ··· 99
  第五节 流动负债管理 ·· 102
  练习题 ·· 105

第五章 收益与分配管理 ·· 111
  第一节 收益与分配管理概述 ·· 111
  第二节 收入管理 ··· 113
  第三节 成本费用管理 ·· 117
  练习题 ·· 122

第六章　财务分析与评价 127
　第一节　财务分析与评价概述 127
　第二节　上市公司基本财务分析 132
　第三节　企业综合绩效分析与评价 136
　练习题 140
附录 145
　附表一　复利终值系数表 145
　附表二　复利现值系数表 147
　附表三　年金终值系数表 149
　附表四　年金现值系数表 151
练习题参考答案 153

第一章 总 论

知识目标：1. 企业财务管理目标四种有代表性的理论
2. 企业财务管理的环节
技能目标：掌握企业财务管理四种目标的优缺点

第一节 财务管理目标

企业的目标就是创造价值。一般而言，企业财务管理的目标就是为企业创造价值服务。鉴于财务主要是从价值方面反映企业的商品或者服务提供过程，因而财务管理可为企业的价值创造发挥重要作用。

一、企业财务管理目标理论

企业财务管理目标有如下几种具有代表性的理论。

（一）利润最大化

利润最大化就是假定企业财务管理以实现利润最大化为目标。

以利润最大化作为财务管理目标，其主要原因有三：一是人类从事生产经营活动的目的是为了创造更多的剩余产品，在市场经济条件下，剩余产品的多少可以用利润这个指标来衡量；二是在自由竞争的资本市场中，资本的使用权最终属于获利最多的企业；三是只有每个企业都最大限度地创造利润，整个社会的财富才可能实现最大化，从而带来社会的进步和发展。

1. 利润最大化的优点

利润最大化目标的主要优点是，企业追求利润最大化，就必须讲求经济核算，加强管理，改进技术，提高劳动生产率，降低产品成本。这些措施都有利于企业资源的合理配置，有利于企业整体经济效益的提高。

2. 以利润最大化作为财务管理目标存在的缺陷。

（1）没有考虑获取利润时间和资金时间价值，比如，今年100万元的利润和10年以后同等数量的利润其实际价值是不一样的，10年间还会有时间价值的增加，而且这一数值会随着贴现率的不同而有所不同。

（2）没有考虑风险问题。不同行业具有不同的风险，同等利润值在不同行业中的意义也不相同，比如，风险比较高的高科技企业和风险相对较小的制造业企业无法简单比较。

（3）没有考虑反映创造的利润与投入资本之间的关系。

（4）可能导致企业短期财务决策倾向，影响企业长远发展。由于利润指标通常按年计算，因此，企业决策也往往会服务于年度指标的完成或实现。

（二）股东财富最大化

股东财富最大化是指企业财务管理以实现股东财富最大化为目标。在上市公司，股东财富是由其所拥有的股票数量和股票市场价格两方面决定的。在股票数量一定时，股票价格达到最高，股东财富也就达到最大。

1. 与利润最大化相比，股东财富最大化的主要优点。

（1）考虑了风险因素，因为通常股价会对风险作出较敏感的反应。

（2）在一定程度上能避免企业短期行为，因为不仅目前的利润会影响股票价格，与其未来的利润同样会对股价产生重要影响。

（3）对上市公司而言，股东财富最大化目标比较容易量化，便于考核和奖惩。

2. 以股东财富最大化作为财务管理目标也存在的缺点。

（1）通常只适用于上市公司，非上市公司难于应用，因为非上市公司无法像上市公司一样随时准确获得公司股价。

（2）股价受众多因素影响，特别是企业外部的因素，有些还可能是非正常因素。股价不能完全准确反应企业财务管理状况，如有的上市公司处于破产的边缘，但由于可能存在某些机会，其股票市价可能还在走高。

（3）它强调得更多的是股东利益，而对其他相关者的利益重视不够。

（三）企业价值最大化

企业价值最大化是指企业财务管理行为以实现企业的价值最大化为目标。企业价值可以理解为企业所有者权益的市场价值，或者是企业所能创造的预计未来现金流量的现值。未来现金流量这一概念，包含了资金的时间价值和风险价值两个方面的因素。因为未来现金流量的预测包含了不确定性和风险因素，而现金流量的现值是以资金的时间价值为基础对现金流量进行折现计算得出的。

企业价值最大化要求企业通过采用最优的财务政策，充分考虑资金的时间价值和风险与报酬的关系，在保证企业长期稳定发展的基础上使企业总价值达到最大。

1. 以企业价值最大化作为财务管理目标，具有的优点。

（1）考虑了取得报酬的时间，并用时间价值的原理进行了计量。

（2）考虑了风险与报酬的关系。

（3）将企业长期、稳定的发展和持续的获利能力放在首位，能克服企业在追求利润上的短期行为，因为不仅目前利润会影响企业的价值，预期未来的利润对企业价值增加也会产生重大影响。

（4）用价值代替价格，克服了过多受外界市场因素的干扰，有效地规避了企业的短期行为。

2. 以企业价值最大化作为财务管理目标也存的缺点。

（1）企业的价值过于理论化，不易操作。尽管对于上市公司，股票价格的变动在一定程度上揭示了企业价值的变化，但是，股价是多种因素共同作用的结果，特别是在资本市场效率低下的情况下，股票价格很难反映企业的价值。

（2）对于非上市公司，只有对企业进行专门的评估才能确定其价值，而在评估企业的资产时，由于受评估标准和评估方式的影响，很难做到客观和准确。

近年来，随着上市公司数量的增加，以及上市公司在国民经济中地位、作用的增强，企业价值最大化目标逐渐得到了广泛认可。

（四）相关者利益最大化

1. 企业的利益相关者。

在现代企业是多边契约关系的总和的前提下，要确立科学的财务管理目标，首先就要考虑哪些利益关系会对企业发展产生影响。在市场经济中，企业的理财主体更加细化和多元化。股东作为企业所有者，在企业中承担着最大的权力、义务、风险和报酬，但是债权人、员工、企业经营者、客户、供应商和政府也为企业承担着风险。比如：

（1）随着举债经营的企业越来越多，举债比例和规模也不断扩大，使得债权人的风险大大增加。

（2）在社会分工细化的今天，由于简单劳动越来越少，复杂劳动越来越多，使得职工的再就业风险不断增加。

（3）在现代企业制度下，企业经理人受所有者委托，作为代理人管理和经营企业，在激烈的市场竞争和复杂多变的形势下，代理人所承担的责任越来越大，风险也随之加大。

（4）随着市场竞争和经济全球化的影响，企业与客户以及企业与供应商之间不再是简单的买卖关系，更多的情况下是长期的伙伴关系，处于一条供应链上，并共同参与同其他供应链的竞争，因而也与企业共同承担一部分风险。

（5）政府不管是作为出资人，还是作为监管机构，都与企业各方的利益密切相关。

综上所述，企业的利益相关者不仅包括股东，还包括债权人、企业经营者、客户、供应商、员工、政府等。因此，在确定企业财务管理目标时，不能忽视这些相关利益群体的利益。

2. 相关者利益最大化目标的具体内容。

（1）强调风险与报酬的均衡，将风险限制在企业可以承受的范围内。

（2）强调股东的首要地位，并强调企业与股东之间的协调关系。

（3）强调对代理人即企业经营者的监督和控制，建立有效的激励机制以便企业战略目标的顺利实施。

（4）关心本企业普通职工的利益，创造优美和谐的工作环境和提供合理恰当的福利待遇，培养职工长期努力为企业工作。

（5）不断加强与债权人的关系，培养可靠的资金供应者。

（6）关心客户的长期利益，以便保持销售收入的长期稳定增长。

（7）加强与供应商的协作，共同面对市场竞争，并注重企业形象的宣传，遵守承诺，讲究信誉。

（8）保持与政府部门的良好关系。

3. 以相关者利益最大化作为财务管理目标，具有的优点。

（1）有利于企业长期稳定发展。这一目标注重企业在发展过程中考虑并满足各利益相关者的利益关系。在追求长期稳定发展的过程中，站在企业的角度上进行投资研究，避免站在股东的角度进行投资可能导致的一系列问题。

（2）体现了合作共赢的价值理念，有利于实现企业经济效益和社会效益的统一。由于兼顾了企业、股东、政府、客户等的利益，企业就不仅仅是一个单纯牟利的组织，还承担了一定的社会责任，企业在寻求其自身的发展和利益最大化过程中，由于客户及其他利益相关者的利益，就会依法经营，依法管理，正确处理各种财务关系，自觉维护和确实保障国家、集体和社会公众的合法权益。

（3）这一目标本身是一个多元化、多层次的目标体系，较好地兼顾了各利益主体的利益。这一目标可使企业各利益主体相互作用、相互协调，并在使企业利益、股东利益达到最大化的同时，也使其他利益相关者利益达到最大化，也就是将企业财富这块"蛋糕"做到最大化的同时，保证每个利益主体所得的"蛋糕"更多。

（4）体现了前瞻性和现实性的统一。比如，企业作为利益相关者之一，有其一套评价指标，如未来企业报酬贴现值；股东的评价指标可以使用股票市价；债权人可以寻求风险最小、利息最大；工人可以确保工资福利；政府可考虑社会效益等。不同的利益相关者有各自的指标，只要合理合法、互利互惠、相互协调，就可以实现所有相关者利益最大化。

因此，相关者利益最大化是企业财务管理最理想的目标。但是鉴于该目标过于理想化，且无法操作，本书后述章节仍采用企业价值最大化作为财务管理的目标。

二、利益冲突的协调

将相关者利益最大化作为财务管理目标，其首要任务就是要协调相关者的利益关系，化解他们之间的利益冲突。协调相关者的利益冲突，要把握的原则是：尽可能使企业相关者的利益分配在数量上和时间上达到动态协调平衡。而在所有的利益冲突协调中，所有者与经营者、所有者与债权人的利益冲突协调又至关重要。

（一）所有者与经营者利益冲突的协调

在现代企业中，经营者一般不拥有占支配地位的股权，他们只是所有者的代理人。所有者期望经营者代表他们的利益工作，实现所有者财富最大化，而经营者则从其自身的利益考虑，二者的目标会经常不一致。通常而言，所有者支付给经营者报酬的多少，在于经营者能够为所有者创造多少财富。经营者和所有者的主要利益冲突，就是经营者希望在创造财富的同时，能够获取更多的报酬、更多的享受；而所有者则希望以较小的代价（支付较小的报酬）实现更多的财富。

为了协调这一利益冲突，通常可采取以下方式解决：

1. 解聘。这是一种通过所有者约束经营者的办法。所有者对经营者予以监督，如果经营者绩效不佳，就解聘经营者；经营者为了不被解聘就需要努力工作，为实现财务管理目标服务。

2. 接收。这是一种通过市场约束经营者的办法。如果经营者决策失误，经营不力，绩效不佳，该企业就可能被其他企业强行接收或吞并，相应经营者也会被解聘。经营者为了避免这种接收，就必须努力实现财务管理目标。

3. 激励。激励就是将经营者的报酬与其绩效直接挂钩，以使经营者自觉采取能提高所有者财富的措施。激励通常有两种方式：

（1）股票期权。它是允许经营者以约定的价格购买一定数量的本企业股票，股票的市场价格高于约定价格的部分就是经营者所得的报酬。经营者为了获得更大的股票涨价益处，就必然主动采取能够提高股价的行动，从而增加所有者财富。

（2）绩效股。它是企业运用每股收益、资产收益率等指标来评价经营者绩效，并视其绩效大小给予经营者数量不等的股票作为报酬。如果经营者绩效未能达到规定目标，经营者将丧失原先持有的部分绩效股。这种方式使经营者不仅为了多得绩效股而不断采取措施提高经营绩效，而且为了使每股市价最大化，也会采取各种措施使股票市价稳定上升，从而增加所有者财富。但即使由于客观原因股价并未提高，经营者也会因为获取绩效股而获利。

（二）所有者与债权人的利益冲突协调

所有者的目标可能与债权人期望实现的目标发生矛盾。首先，所有者可能要经营者改变举债资金的原定用途，将其用于风险更高的项目，这会增大偿债风险，债权人的负债价值也必然会降低，造成债权人风险与收益的不对称。因为高风险的项目一旦成功，额外的利润就会被所有者独享；但若失败，债权人却要与所有者共同负担由此而造成的损失。其次，所有者可能在未征得现有债权人同意的情况下，要求经营者举借新债，因为偿债风险相应增大，从而致使原有债权的价值降低。

所有者与债权人的上述利益冲突，可以通过以下方式解决：

1. 限制性借债。债权人通过事先规定借债用途限制、借债担保条款和借债信用条件，使所有者不能通过以上两种方式削弱债权人的债权价值。

2. 收回借款或停止借款。当债权人发现企业有侵蚀其债权价值的意图时，采取收回债权或不再给予新的借款措施，从而保护自身权益。

第二节 财务管理环节

财务管理环节是企业财务管理的工作步骤与一般工作程序。一般而言，企业财

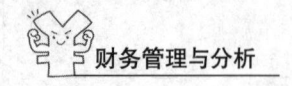

务管理包括以下几个环节。

一、计划与预算

（一）财务预测

财务预测是根据企业财务活动的历史资料，考虑现实的要求和条件，对企业未来的财务活动作出较为具体的预计和测算的过程。财务预测可以测算各项生产经营方案的经济效益，为决策提供可靠的依据；可以预测财务收支的发展变化情况，以确定经营目标；可以测算各项定额和标准，为编制计划、分解计划指标服务。

财务预测的方法主要有定性预测和定量预测两类。定性预测法，主要是利用直观材料，依靠个人的主观判断和综合分析能力，对事物未来的状况和趋势作出预测的一种方法；定量预测法，主要是根据变量之间存在的数量关系建立数学模型来进行预测的方法。

（二）财务计划

财务计划是根据企业整体战略目标和规划，结合财务预测的结果，对财务活动进行规划，并以指标形式落实到每一计划期间的过程。财务计划主要通过指标和表格，以货币形式反映在一定的计划期内企业生产经营活动所需要的资金及其来源、财务收入和支出、财务成果及其分配的情况。

确定财务计划指标的方法一般有平衡法、因素法、比例法和定额法等。

（三）财务预算

财务预算是根据财务战略、财务计划和各种预测信息，确定预算期内各种预算指标的过程。它是财务战略的具体化，是财务计划的分解和落实。

财务预算的方法通常包括固定预算与弹性预算、增量预算与零基预算、定期预算和滚动预算等。

二、决策与控制

（一）财务决策

财务决策是指按照财务战略目标的总体要求，利用专门的方法对各种备选方案进行比较和分析，从中选出最佳方案的过程。财务决策是财务管理的核心，决策的成功与否直接关系到企业的兴衰成败。

财务决策的方法主要有两类：一类是经验判断法，是根据决策者的经验来判断选择，常用的方法有淘汰法、排队法、归类法等；另一类是定量分析方法，常用的方法有优选对比法、数学微分法、线性规划法、概率决策法等。

（二）财务控制

财务控制是指利用有关信息和特定手段，对企业的财务活动施加影响或调节，以便实现计划所规定的财务目标的过程。

财务控制的方法通常有前馈控制、过程控制、反馈控制三种。

三、分析与考核

（一）财务分析

财务分析是指根据企业财务报表等信息资料，采用专门方法，系统分析和评价企业财务状况、经营成果以及未来趋势的过程。

财务分析的方法通常有比较分析、比率分析、综合分析等。

（二）财务考核

财务考核是指将报告期实际完成数与规定的考核指标进行对比，确定有关责任单位和个人完成任务的过程。财务考核与奖惩紧密联系，是贯彻责任制原则的要求，也是构建激励与约束机制的关键环节。

财务考核的形式多种多样，可以用绝对指标、相对指标、完成百分比考核，也可采用多种财务指标进行综合评价考核。

练 习 题

一、单项选择题

1. 从聚合资源优势，贯彻实施企业发展战略和经营目标的角度，最具保障力的财务管理体制是（   ）。
   A. 集权型财务管理体制
   B. 分权型财务管理体制
   C. 集权与分权结合型财务管理体制
   D. 民主型财务管理体制

2. 以下关于企业价值的表述，不正确的是（   ）。
   A. 企业价值可以理解为企业所有者权益的市场价值
   B. 企业价值可以理解为企业所能创造的预计未来现金流量的现值
   C. 对于非上市公司，企业价值评估很难客观和准确
   D. 对于上市企业来说，股票价格的变动可以完全揭示企业价值的变化

3. 以企业利润最大化作为财务管理目标，不属于其主要原因的是（   ）。
   A. 反映创造的利润与投入资本之间的关系
   B. 剩余产品的多少可用利润衡量
   C. 自由竞争的资本市场中，资本的使用权最终属于获利最多的企业
   D. 只有每个企业都最大限度地创造利润，整个社会的财富才能实现最大化

4. 下列方法中，属于财务决策方法的是（   ）。
   A. 定量预测法   B. 比例法和因素法
   C. 平衡法   D. 优选对比法

5. 下列关于集权型财务管理体制的表述中，错误的是（   ）。
   A. 采用该体制，企业总部财务部门在特定情况下，可以直接参与各所属单位的执行过程
   B. 采用该体制，有利于在整个企业内部优化配置资源，有利于实行内部调拨价格
   C. 采用该体制，可能导致缺乏主动性、资金成本增大、费用失控、利润分配无序
   D. 采用该体制，集权过度会使各所属单位缺乏主动性、积极性，丧失市场机会

6. 下列关于利益冲突协调的说法正确的是（   ）。
   A. 所有者与经营者的利益冲突的解决方式是收回借款、解聘和接收
   B. 协调相关者的利益冲突，需要把握的原则是：尽可能使企业相关者的利益分配在数量上和时间上达到动态的协调平衡
   C. 企业被其他企业强行吞并，是一种解决所有者和债权人的利益冲突的方式
   D. 所有者和债权人的利益冲突的解决方式是激励和规定借债信用条件

7. 集权与分权相结合型财务管理体制的核心内容是企业总部应做到制度统一、资金集中、信息集成和人员委派。下列选项不属于应集中的权利是（   ）。
   A. 筹资、融资权   B. 业务定价权
   C. 财务机构设置权   D. 收益分配权

8. 以下关于股东财富最大化财务管理目标存在问题的说法不正确的是（   ）。
   A. 股价不能完全准确反映企业财务管理状况
   B. 通常只适用于非上市公司
   C. 股价受众多因素影响
   D. 强调股东利益

9. 实质上是企业集团的组织形式，子公司具有法人资格，分公司则是相对独立的利润中心的企业组织体制是（   ）。
   A. U型组织   B. H型组织
   C. M型组织   D. 事业部制组织结构

10. 在下列各项中，不属于企业财务管理的金融环境内容的是（   ）。
    A. 金融市场   B. 金融机构   C. 金融工具   D. 企业财务通则

11. 下列说法不正确的是（   ）。
    A. 金融工具一般包括基本金融工具和衍生金融工具
    B. 金融市场按期限分为短期金融市场和长期金融市场，即货币市场和资本市场
    C. 金融市场按功能分为发行市场和流通市场
    D. 资本市场所交易的金融工具具有较强的货币性

二、多项选择题

1. 现代企业要做到管理科学，决策权、执行权与监督权三权分立的制度必不可少，这一管理原则的作用在于（　　）。
   A. 加强决策的科学性与民主性
   B. 以制度管理代替个人的行为管理
   C. 强化决策执行的刚性和可考核性
   D. 强化监督的独立性和公正性

2. 以企业价值最大化为财务管理目标的优点包括（　　）。
   A. 考虑了风险和时间价值因素
   B. 体现了合作共赢的价值理念
   C. 用价值代替价格，有效地规避了企业的短期行为
   D. 体现了前瞻性和现实性的统一

3. 经营者和所有者的主要利益冲突，是经营者希望在创造财富的同时，能够获取更多的报酬、更多的享受；而所有者希望以较小的代价实现更多的财富。协调这一利益冲突的方式有（　　）。
   A. 解聘经营者　　　　　　　　B. 向企业派遣财务总监
   C. 被其他企业吞并　　　　　　D. 给经营者以"绩效股"

4. 下列说法中正确的有（　　）。
   A. 财务考核是构建激励与约束机制的关键环节
   B. 财务分析系统只是分析和评价企业现在的财务状况、经营成果
   C. 财务控制的方法通常有前馈控制、过程控制、反馈控制
   D. 财务预测为决策提供可靠的依据，为编制计划、分解计划指标服务

5. 财务管理体制的集权与分权，需要考虑的因素包括（　　）。
   A. 集权与分权的"成本"和"利益"
   B. 环境、规模和管理者的管理水平
   C. 企业与各所属单位之间的资本关系和业务关系的具体特征
   D. 明确财务管理的综合管理与分层管理思想

6. 以下属于财务决策中经验判断法的有（　　）。
   A. 淘汰法　　　B. 排队法　　　C. 数学微分法　　　D. 归类法

7. 下列关于财务管理环节的说法错误的有（　　）。
   A. 企业财务管理的工作步骤就是财务管理环节
   B. 根据变量之间存在的数量关系建立模型来预测的方法是定性预测法
   C. 企业财务管理环节包括计划与预算、决策与控制、分析与考核
   D. 财务决策是财务计划的分解和落实，定量分析法是财务决策的方法之一

8. 集权与分权相结合型财务管理体制将企业内重大决策权集中于企业总部,而赋予各所属单位自主经营权。下列关于该体制特点的说法正确的有( )。
    A. 在管理上,利用企业的各项优势,对全部权限集中管理
    B. 在管理上,利用企业的各项优势,对部分权限集中管理
    C. 在经营上,不能调动各所属单位的生产经营积极性
    D. 在经营上,充分调动各所属单位的生产经营积极性

9. 下列各财务管理目标中,考虑了风险因素的有( )。
    A. 利润最大化   B. 股东财富最大化
    C. 企业价值最大化   D. 相关者利益最大化

10. 在下列各项中,属于企业财务管理的法律环境内容的有( )。
    A. 金融市场   B. 公司法   C. 金融工具   D. 税收法规

三、判断题

1. 根据分散人员管理权的规定,各所属单位负责人有权任免财务主管人员,不必报经企业总部批准,企业总部原则上不予干预。( )

2. 股东财富最大化指是指企业财务管理以实现股东财富最大为目标。在已上市的股份公司中,股票数量一定时,股价越高,股东财富越高。( )

3. 不同的利益相关者有不同的评价指标,即使企业做到合理合法、互利互惠、相互协调,所有相关者利益最大化还是无法实现。( )

4. 在协调所有者和经营者利益冲突的方式中,解聘是一种通过所有者约束经营者的方法,而接收是一种通过市场约束经营者的方法。( )

5. 财务控制是利用有关信息和特定手段,对企业的财务活动施加影响或调节,以便实现计划所规定的财务目标的过程,其方法通常有前馈控制和反馈控制。( )

6. 财务考核是指将报告期实际完成数与规定的考核指标进行对比。通常只能使用绝对指标和完成百分比来考核。( )

7. 企业对外投资必须遵守的原则有:效益性、时效性和合理性。( )

8. 如果说各所属单位之间业务联系的必要程度是企业有无必要实施相对集中的财务管理体制的一个基本因素,那么,企业与各所属单位之间的资本关系则是企业能否采取相对集中的财务管理体制的一个基本条件。( )

9. 企业价值最大化体现了合作共赢的价值理念,有利于实现企业经济效益和社会效益的统一。( )

10. 金融市场按功能分为一级市场和二级市场,即基础性金融市场和金融衍生品市场。( )

第二章 筹资管理

知识目标：
1. 股权筹资的范畴及各自的优缺点
2. 债务筹资的范畴及各自的优缺点
3. 资金需要量的预测
4. 资金成本的计算
5. 资本结构的优化

技能目标：
1. 掌握运用资金习性预测法预测资金需要量
2. 掌握个别资本成本的计算
3. 掌握边际资本成本的计算
4. 熟练每股收益分析法

第一节 筹资管理概述

筹资活动是企业一项重要的财务活动。如果说企业的财务活动是以现金收支为主的资金流转活动，那么筹资活动则是资金运转的起点。筹资的作用主要有两个：一是满足经营运转的资金需要，二是满足投资发展的资金需要。

一、筹资的分类

企业筹资可以按不同的标准进行分类。

（一）股权筹资、债务筹资及衍生工具筹资

按企业所取得资金的权益特性不同，企业筹资分为股权筹资、债务筹资及衍生工具筹资三类，这也是企业筹资方式最常见的分类方法。

（二）直接筹资与间接筹资

按其是否以金融机构为媒介，企业筹资分为直接筹资和间接筹资两种类型。

（三）内部筹资与外部筹资

按资金的来源范围不同，企业筹资分为内部筹资和外部筹资两种类型。

（四）长期筹资与短期筹资

按所筹集资金的使用期限不同，企业筹资分为长期筹资和短期筹资两种类型。

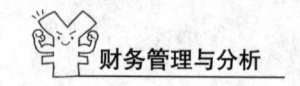

二、企业资本金制度

资本金制度是国家就企业资本金的筹集、管理及所有者的责权利等方面所作的法律规范。资本金是企业权益资本的主要部分,是企业长期稳定拥有的基本资金,此外,一定数额的资本金也是企业取得债务资本的必要保证。

(一) 资本金的本质特征

设立企业必须有法定的资本金。资本金,是指企业在工商行政管理部门登记的注册资金,是投资者用以进行企业生产经营、承担民事责任而投入的资金。资本金在不同类型的企业中表现形式有所不同,股份有限公司的资本金被称为股本,股份有限公司以外的一般企业的资本金被称为实收资本。

(二) 资本金的筹集

1. 资本金的最低限额。

有关法规制度规定了各类企业资本金的最低限额,我国《公司法》规定,股份有限公司注册资本的最低限额为人民币 500 万元,上市的股份有限公司股本总额不少于人民币 3 000 万元;有限责任公司注册资本的最低限额为人民币 3 万元,一人有限责任公司的注册资本最低限额为人民币 10 万元。

如果需要高于这些最低限额的,可以由法律、行政法规另行规定。比如,《注册会计师法》和《资产评估机构审批管理办法》均规定,设立公司制的会计师事务所或资产评估机构,注册资本应当不少于人民币 30 万元;《保险法》规定,采取股份有限公司形式设立的保险公司,其注册资本的最低限额为人民币 2 亿元。《证券法》规定,可以采取股份有限公司形式设立证券公司,在证券公司中属于经纪类的,最低注册资本为人民币 5 000 万元;属于综合类的,公司注册资本最低限额为人民币 5 亿元。

2. 资本金的出资方式。

根据我国《公司法》等法律规定,投资者可以采取货币资产和非货币资产两种形式出资。全体投资者的货币出资金额不得低于公司注册资本的 30%;投资者可以用实物、知识产权、土地使用权等可以依法转让的非货币财产作价出资;法律、行政法规规定不得作为出资的财产除外。

3. 资本金缴纳的期限。

资本金缴纳的期限,通常有三种办法:一是实收资本制,在企业成立时一次筹足资本金总额,实收资本与注册资本数额一致,否则企业不能成立;二是授权资本制,在企业成立时不一定一次筹足资本金总额,只要筹集了第一期资本,企业即可成立,其余部分由董事会在企业成立后进行筹集,企业成立时的实收资本与注册资本可能不相一致;三是折中资本制,在企业成立时不一定一次筹足资本金总额,类似于授权资本制,但规定了首期出资的数额或比例及最后一期缴清资本的期限。

我国《公司法》规定,资本金的缴纳采用折中资本制,资本金可以分期缴纳,但首次出资额不得低于法定的注册资本最低限额。股份有限公司和有限责任公司的股东首次出资额不得低于注册资本的 20%，其余部分由股东自公司成立之日起两年内缴足，投资公司可以在 5 年内缴足。而对于一人有限责任公司，股东应当一次足额缴纳公司章程规定的注册资本额。

4. 资本金的评估。

吸收实物、无形资产等非货币资产筹集资本金的，应按照评估确认的金额或者按合同、协议约定的金额计价。其中，为了避免虚假出资或通过出资转移财产，导致国有资产流失，国有及国有控股企业以非货币资产出资或者接受其他企业的非货币资产出资，需要委托有资格的资产评估机构进行资产评估，并以资产评估机构评估确认的资产价值作为投资作价的基础。经国务院、省政府批准实施的重大经济事项涉及的资产评估项目，分别由本级政府国有资产监管部门或者财政部门负责核准，其余资产评估项目一律实施备案制度。严格来说，其他企业的资本金评估时，并不一定要求必须聘请专业评估机构评估，相关当事人或者聘请的第三方专业中介机构评估后认可的价格也可成为作价依据。不过，聘请第三方专业中介机构来评估相关的非货币资产，能够更好地保证评估作价的真实性和准确性，有效地保护公司及其债权人的利益。

（三）资本金的管理原则

企业资本金的管理，应当遵循资本保全这一基本原则。实现资本保全的具体要求，可分为资本确定、资本充实和资本维持三部分内容。

第二节 股 权 筹 资

企业所能采用的筹资方式，一方面受法律环境和融资市场的制约，另一方面也受企业性质的制约。中小企业和非公司制企业的筹资方式比较受限；股份有限公司和有限责任公司的筹资方式相对多样。

前已述及，股权筹资形成企业的股权资金，也称之为权益资本，是企业最基本的筹资方式。股权筹资又包含吸收直接投资、发行股票和利用留存收益三种主要形式，此外，我国上市公司引入战略投资者的行为，也属于股权筹资的范畴。

一、吸收直接投资

吸收直接投资，是指企业按照"共同投资、共同经营、共担风险、共享收益"的原则，直接吸收国家、法人、个人和外商投入资金的一种筹资方式。吸收直接投资是非股份制企业筹集权益资本的基本方式，采用吸收直接投资的企业，资本不分为等额股份，无须公开发行股票。吸收直接投资实际出资额，注册资本部分形成实收资本；超过注册资本的部分属于资本溢价，形成资本公积。

（一）吸收直接投资的种类

1. 吸收国家投资；
2. 吸收法人投资；
3. 吸收外商直接投资；
4. 吸收社会公众投资。

（二）吸收直接投资的出资方式

1. 以货币资产出资；
2. 以实物资产出资；
3. 以土地使用权出资；
4. 以工业产权出资。

（三）吸收直接投资的筹资特点

1. 能够尽快形成生产能力；
2. 容易进行信息沟通；
3. 吸收投资的手续相对比较简便，筹资费用较低；
4. 资本成本较高；
5. 企业控制权集中，不利于企业治理；
6. 不利于产权交易。

二、发行普通股股票

股票是股份有限公司为筹措股权资本而发行的有价证券，是公司签发的证明股东持有公司股份的凭证。股票作为一种所有权凭证，代表着股东对发行公司净资产的所有权。股票只能由股份有限公司发行。

（一）股票的特征与分类

1. 股票的特点。

（1）永久性。公司发行股票所筹集的资金属于公司的长期自有资金，没有期限，不需归还。换言之，股东在购买股票之后，一般情况下不能要求发行企业退还股金。

（2）流通性。股票作为一种有价证券，在资本市场上可以自由转让、买卖和流通，也可以继承、赠送或作为抵押品。股票特别是上市公司发行的股票具有很强的变现能力，流动性很强。

（3）风险性。由于股票的永久性，股东成了企业风险的主要承担者。风险的表现形式有：股票价格的波动性、红利的不确定性、破产清算时股东处于剩余财产分配的最后顺序等。

（4）参与性。股东作为股份公司的所有者，拥有参与企业管理的权利，包括重大决策权、经营者选择权、财务监控权、公司经营的建议和质询权等。此外，股东还有承担有限责任、遵守公司章程等义务。

2. 股票的种类。

（1）按股东权利和义务，分为普通股股票和优先股股票。

（2）按票面有无记名，分为记名股票和无记名股票。

（3）按发行对象和上市地点，分为 A 股、B 股、H 股、N 股和 S 股等。

A 股即人民币普通股票，由我国境内公司发行，境内上市交易，它以人民币标明面值，以人民币认购和交易。B 股即人民币特种股票，由我国境内公司发行，境内上市交易，它以人民币标明面值，以外币认购和交易。H 股是注册地在内地、上市在香港的股票，依此类推，在纽约和新加坡上市的股票，就分别称为 N 股和 S 股。

（二）发行普通股的筹资特点

（1）所有权与经营权相分离，分散公司控制权，有利于公司自主管理、自主经营。

（2）没有固定的股息负担，资本成本较低。

（3）能增强公司的社会声誉。

（4）促进股权流通和转让。

（5）筹资费用较高，手续复杂。

（6）不易尽快形成生产能力。

（7）公司控制权分散，容易被经理人控制。

三、留存收益

（一）留存收益的性质

从性质上看，企业通过合法有效地经营所实现的税后净利润，都属于企业的所有者。企业将本年度的利润部分甚至全部留存下来的原因很多，主要包括：第一，收益的确认和计量是建立在权责发生制基础上的，企业有利润，但企业不一定有相应的现金净流量增加，因而企业不一定有足够的现金将利润全部或部分派给所有者。第二，法律法规从保护债权人利益和要求企业可持续发展等角度出发，限制企业将利润全部分配出去。《公司法》规定，企业每年的税后利润，必须提取 10% 的法定盈余公积金。第三，企业基于自身扩大再生产和筹资的需求，也会将一部分利润留存下来。

（二）留存收益的筹资途径

1. 提取盈余公积金。

2. 未分配利润。

（三）利用留存收益的筹资特点

1. 不用发生筹资费用。

2. 维持公司的控制权分布。

3. 筹资数额有限。

四、股权筹资的优缺点

（一）股权筹资的优点

1. 股权筹资是企业稳定的资本基础。

股权资本没有固定的到期日，无需偿还，是企业的永久性资本，除非企业清算时才有可能予以偿还。这对于保障企业对资本的最低需求，促进企业长期持续稳定经营具有重要意义。

2. 股权筹资是企业良好的信誉基础。

股权资本作为企业最基本的资本，代表了公司的资本实力，是企业与其他单位组织开展经营业务，进行业务活动的信誉基础。同时，股权资本也是其他方式筹资的基础，尤其可为债务筹资，包括银行借款、发行公司债券等提供信用保障。

3. 企业财务风险较小。

股权资本不用在企业正常运营期内偿还，不存在还本付息的财务风险。相对于债务资本而言，股权资本筹资限制少，资本使用上也无特别限制。另外，企业可以根据其经营状况和业绩的好坏，决定向投资者支付报酬的多少，资本成本负担比较灵活。

（二）股权筹资的缺点

1. 资本成本负担较重。

尽管股权资本的资本成本负担比较灵活，但一般而言，股权筹资的资本成本要高于债务筹资。这主要是由于投资者投资于股权特别是投资于股票的风险较高，投资者或股东相应要求得到较高的报酬率。企业长期不派发利润和股利，将会影响企业的市场价值。从企业成本开支的角度来看，股利、红利从税后利润中支付，而使用债务资本的资本成本允许税前扣除。此外，普通股的发行、上市等方面的费用也十分庞大。

2. 容易分散企业的控制权。

利用股权筹资，由于引进了新的投资者或出售了新的股票，必然会导致企业控制权结构的改变，分散了企业的控制权。控制权的频繁迭变，势必要影响企业管理层的人事变动和决策效率，影响企业的正常经营。

3. 信息沟通与披露成本较大。

投资者或股东作为企业的所有者，有了解企业经营业务、财务状况、经营成果等的权利。企业需要通过各种渠道和方式加强与投资者的关系管理，保障投资者的权益。特别是上市公司，其股东众多而分散，只能通过公司的公开信息披露了解公司状况，这就需要公司花更多的精力，有些还需要设置专门的部分，用于公司的信息披露和投资者关系管理。

第三节 债务筹资

债务筹资主要是企业通过向银行借款、向社会发行公司债券、融资租赁以及赊购商品或劳务等方式筹集和取得的资金。向银行借款、发行债券、融资租赁和商业信用，是债务筹资的基本形式。其中不足1年的短期借款在企业经常发生，与企业资金营运有密切关系；另外，商业信用与企业间的商品或劳务交易密切相关，我们将在第五章对上述两部分内容予以介绍。

一、银行借款

银行借款是指企业向银行或其他非银行金融机构借入的、需要还本付息的款项，包括偿还期限超过1年的长期借款和不足1年的短期借款，主要用于企业购建固定资产和满足流动资金周转的需要。

（一）银行借款的种类

1. 按提供贷款的机构，分为政策性银行贷款、商业银行贷款和其他金融机构贷款。
2. 按机构对贷款有无担保要求，分为信用贷款和担保贷款。
3. 按企业取得贷款的用途，分为基本建设贷款、专项贷款和流动资金贷款。

（二）银行借款的筹资特点

（1）筹资速度快。
（2）资本成本较低。
（3）筹资弹性较大。
（4）限制条款多。
（5）筹资数额有限。

二、发行公司债券

企业债券又称公司债券，是企业依照法定程序发行的、约定在一定期限内还本付息的有价证券。债券是持有人拥有公司债权的书面证书，它代表持券人同发债公司之间的债权债务关系。

（一）发行债券的条件与种类

1. 发行债券的条件。

在我国，根据《公司法》规定，股份有限公司、国有独资公司和两个以上的国有公司或者两个以上的国有投资主体投资设立的有限责任公司，具有发行债券的资格。

根据《证券法》规定，公开发行公司债券，应当符合下列条件：
（1）股份有限公司的净资产不低于人民币3 000万元，有限责任公司的净资产不低于人民币 6 000 万元；

（2）累计债券余额不超过公司净资产的 40%；

（3）最近 3 年平均可分配利润足以支付公司债券 1 年的利息；

（4）筹集的资金投向符合国家产业政策；

（5）债券的利率不超过国务院限定的利率水平；

（6）国务院规定的其他条件。

公开发行公司债券筹集的资金，必须用于核准的用途，不得用于弥补亏损和非生产性支出。

根据《证券法》规定，公司申请公司债券上市交易，应当符合下列条件：

（1）公司债券的期限为 1 年以上；

（2）公司债券实际发行额不少于人民币 5 000 万元；

（3）公司申请债券上市时仍符合法定的公司债券发行条件。

2. 公司债券的种类。

（1）按是否记名，分为记名债券和无记名债券。

（2）按是否能够转换成公司股权，分为可转换债券与不可转换债券。

（3）按有无特定财产担保，分为担保债券和信用债券。

（二）债券的偿还

债券偿还时间按其实际发生与规定的到期日之间的关系，分为提前偿还与到期偿还两类，其中，后者又包括分批偿还和一次偿还两种。

（三）发行公司债券的筹资特点

1. 一次筹资数额大。

2. 提高公司的社会声誉。

3. 筹集资金的使用限制条件少。

4. 能够锁定资本成本的负担。

5. 发行资格要求高，手续复杂。

6. 资本成本较高。

三、融资租赁

租赁，是指通过签订资产出让合同的方式，使用资产的一方（承租方）通过支付租金，向出让资产的一方（出租方）取得资产使用权的一种交易行为。在这项交易中，承租方通过得到所需资产的使用权，完成了筹集资金的行为。

（一）租赁的特征与分类

1. 租赁的基本特征。

（1）所有权与使用权相分离。租赁资产的所有权与使用权分离是租赁的主要特点之一。银行信用虽然也是所有权与使用权相分离，但载体是货币资金，租赁则是资金与实物相结合基础上的分离。

(2) 融资与融物相结合。租赁是以商品形态与货币形态相结合提供的信用活动，出租人在向企业出租资产的同时，解决了企业的资金需求，具有信用和贸易双重性质。它不同于一般的借钱还钱、借物还物的信用形式，而是借物还钱，并以分期支付租金的方式来体现。租赁的这一特点银行信贷和财产信贷融合在一起，成为企业融资的一种新形式。

(3) 租金的分歧归流。在租金的偿还方式上，租金与银行信用到期还本付息不一样，采取了分期回流的方式。出租方的资金一次投入，分期收回。对于承租方而言，通过租赁可以提前获得资产的使用价值，分期支付租金便于分期规划未来的现金流出量。

2. 租赁的分类。

租赁分为融资租赁和经营租赁。

(1) 经营租赁是由租赁公司向承租单位在短期内提供设备，并提供维修、保养、人员培训等的一种服务性业务，又称服务性租赁。经营租赁的特点主要是：一是出租的设备一般由租赁公司根据市场需要选定，然后再寻找承租企业。二是租赁期较短，短于资产的有效使用期，在合理的限制条件内承租企业可以中途解约。三是租赁设备的维修、保养由租赁公司负责。四是租赁期满或合同中止以后，出租资产由租赁公司收回。经营租赁比较适用于租用技术过时较快的生产设备。

(2) 融资租赁是由租赁公司按承租单位要求出资购买设备，在较长的合同期内提供给承租单位使用的融资信用业务，它是以融通资金为主要目的的租赁。融资租赁的主要特点是：第一，出租的设备由承租企业提出要求购买，或者由承租企业直接从制造商或销售商那里选定。第二，租赁期较长，接近于资产的有效使用期，在租赁期间双方无权取消合同。第三，由承租企业负责设备的维修、保养。第四，租赁期满，按事先约定的方法处理设备，包括退还租赁公司，或继续租赁，或企业留购。通常采用企业留购办法，即以很少的"名义价格"（相当于设备残值）买下设备。两者的区别如表 2-1 所示。

表 2-1　融资租赁与经营租赁的区别

对比项目	融资租赁（Financial lease）	经营租赁（Operational lease）
业务原理	融资融物于一体	无融资租赁特征，只是一种融物方式
租赁目的	融通资金，添置设备	暂时性使用，预防无形损耗风险
租期	较长，相当于设备经济寿命的大部分	较短
租金	包括设备价款	只是设备使用费
契约法律效力	不可撤销合同	经双方同意可中途撤销合同
租赁标的	一般为专用设备，也可为通用设备	通用设备居多
维修与保养	专用设备多为承租人负责，通用设备多为出租人负责	全部为出租人负责

续表

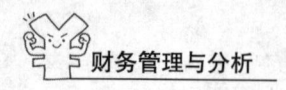

对比项目	融资租赁（Financial lease）	经营租赁（Operational lease）
承租人	一般为一个	设备经济寿命期内轮流租给多个承租人
灵活方便	不明显	明显

（二）融资租赁的形式

1. 直接租赁。

直接租赁是融资租赁的主要形式，承租方提出租赁申请时，出租方按照承租方的要求选购，然后再出租给承租方。

2. 售后回租。

售后回租是指承租方由于急需资金等各种原因，将自己资产售给出租方，然后以租赁的形式从出租方原封不动地租回资产的使用权。在这种租赁合同中，除资产所有者的名义改变之外，其余情况均无变化。

3. 杠杆租赁。

杠杆租赁是指涉及承租人、出租人和资金出借人三方的融资租赁业务。一般来说，当所涉及的资产价值昂贵时，出租方自己只投入部分资金，通常为资产价值的20%～40%，其余资金则通过将该资产抵押担保的方式，向第三方（通常为银行）申请贷款解决。租赁公司然后将购进的设备出租给承租方，用收取的租金偿还贷款，该资产的所有权属于出租方。出租人既是债权人也是债务人，如果出租人到期不能按期偿还借款，资产所有权则转移给资金的出借者。

（三）融资租赁租金的计算

1. 租金的构成。融资租赁每期租金的多少，取决于以下几项因素。

（1）设备原价及预计残值，包括设备买价、运输费、安装调试费、保险费等，以及该设备租赁期满后，出售可得的市价。

（2）利息，指租赁公司为承租企业购置设备垫付资金所应支付的利息。

（3）租赁手续费，指租赁公司承办租赁设备所发生的业务费用和必要的利润。

2. 租金的支付方式。租金的支付方式有以下几种分类方式。

（1）按支付间隔期长短，分为年付、半年付、季付和月付等方式。

（2）按在期初和期末支付，分为先付和后付。

（3）按每次支付额，分为等额支付和不等额支付。实务中，承租企业与租赁公司商定的租金支付方式，大多为后付等额年金。

3. 租金的计算。我国融资租赁实务中，租金的计算大多采用等额年金法。等额年金法下，通常要根据利率和租赁手续费率确定一个租费率，作为折现率。

【例2-1】 某企业于2007年1月1日从租赁公司租入一套设备，价值60万元，租期6年，租赁期满时预计残值5万元，归租赁公司。年利率10%。租金每年年末支付一次，则：

每年租金=[600 000－50 000×(P/F, 10%, 6)]/(P/A, 10%, 6)=131 283（元）

为了便于有计划地安排租金的支付，承租企业可编制租金摊销计划表。根据本例的有关资料编制租金摊销计划表如表2-2所示。

表2-2 租金摊销计划表

单位：元

年 份	期初本金 ①	支付租金 ②	应计租费 ③＝①×10%	本金偿还额 ④＝②－③	本金余额 ⑤＝①－④
2007年	600 000	131 283	60 000	71 283	528 717
2008年	528 717	131 283	52 872	78 411	450 306
2009年	450 306	131 283	45 031	86 252	364 054
2010年	364 054	131 283	36 405	94 878	269 176
2011年	269 176	131 283	26 918	104 365	164 811
2012年	164 811	131 283	16 481	114 802	50 009
合 计		787 698	237 707	549 991	50 009*

* 50 009即为到期残值。尾数9系中间计算过程四舍五入的误差导致。

（四）融资租赁的筹资特点

1. 在资金缺乏情况下，能迅速获得所需资产。融资租赁集"融资"与"融物"于一身，融资租赁使企业在资金短缺的情况下引进设备成为可能。特别是针对中小企业、新创企业而言，融资租赁是一条重要的融资途径。有时，大型企业对于大型设备、工具等固定资产，也需要融资租赁解决巨额资金的需要，如商业航空公司的飞机，大多是通过融资租赁取得的。

2. 财务风险小，财务优势明显。融资租赁与购买的一次性支出相比，能够避免一次性支付的负担，而且租金支出是未来的、分期的，企业无需一次筹集大量资金偿还。还款时，租金可以通过项目本身产生的收益来支付，是一种基于未来的"借鸡生蛋、卖蛋还钱"的筹资方式。

3. 融资租赁筹资的限制条件较少。企业运用股票、债券、长期借款等筹资方式，都受到相当多的资格条件的限制，如足够的抵押品、银行贷款的信用标准、发行债券的政府管制等。相比之下，租赁筹资的限制条件很少。

4. 租赁能延长资金融通的期限。通常为设备而贷款的借款期限比该资产的物理寿命要短得多，而租赁的融资期限却可接近其全部使用寿命期限；并且其金额随设备价款金额而定，无融资额度的限制。

5. 免遭设备陈旧过时的风险。随着科学技术的不断进步，设备陈旧过时的风险很高，而多数租赁协议规定此种风险由出租人承担，承租企业可免受这种风险。

6. 资本成本高。其租金通常比举借银行借款或发行债券所负担的利息高得多，租金总额通常要高于设备价值的30%。尽管与借款方式比，融资租赁能够避免到期一次性集中偿还的财务压力，到高额的固定租金也给各期的经营带来了分期的负担。

四、债务筹资的优缺点

（一）债务筹资的优点

1. 筹资速度较快。与股权筹资比，债务筹资不需要经过复杂的审批手续和证券发行程序，如银行借款、融资租赁等，可以迅速地获得资金。

2. 筹资弹性大。发行股票等股权筹资，一方面需要经过严格的政府审批；另一方面从企业的角度出发，由于股权不能退还，股权资本在未来永久性地给企业带来了资本成本的负担。利用债务筹资，可以根据企业的经营情况和财务状况，灵活商定债务条件，控制筹资数量，安排取得资金的时间。

3. 资本成本负担较轻。一般来说，债务筹资的资本成本要低于股权筹资。其一是取得资金的手续费用等筹资费用较低；其二是利息、租金等用资费用比股权资本要低；其三是利息等资本成本可以在税前支付。

4. 可以利用财务杠杆。债务筹资不改变公司的控制权，因而股东不会出于控制权稀释原因反对负债。债权人从企业那里只能获得固定的利息或租金，不能参加公司剩余收益的分配。当企业的资本报酬率高于债务利率时，会增加普通股股东的每股收益，提高净资产报酬率，提升企业价值。

5. 稳定公司的控制权。债权人无权参加企业的经营管理，利用债务筹资不会改变和分散股东对公司的控制权。

（二）债务筹资的缺点

1. 不能形成企业稳定的资本基础。债务资本有固定的到期日，到期需要偿还，只能作为企业的补充性资本来源。再加上去的债务往往需要进行信用评级，没有信用基础的企业和新创企业，往往难以取得足够的债务资本。现有债务资本在企业的资本结构中达到一定比例后，往往由于财务风险升高而不容易再取得新的债务资金。

2. 财务风险较大。债务资本有固定的到期日，有固定的利息负担，抵押、质押等担保方式取得的债务，资本使用上可能会有特别的限制。这些都要求企业必须有一定的偿债能力，要保持资产流动性及其资产报酬水平，作为债务清偿的保障，对企业的财务状况提出了更高的要求，否则会给企业带来财务危机，甚至导致企业破产。

3. 筹资数额有限。债务筹资的数额往往受到贷款机构资本实力的制约，不可能像发行债券股票那样一次筹集到大笔资本，无法满足公司大规模筹资的需要。

第四节　资金需要量预测

资金的需要量是筹资的数量依据，必须科学合理地进行预测。筹资数量预测的基本目的，是保证筹集的资金既能满足生产经营的需要，又不会产生资金多余而闲置。

一、因素分析法

因素分析法又称分析调整法，是以有关项目基期年度的平均资金需要量为基础，根据预测年度的生产经营任务和资金周转加速的要求，进行分析调整，来预测资金需要量的一种方法。这种方法计算简便，容易掌握，但预测结果不太精确。它通常用于品种繁多、规格复杂、资金用量小的项目。因素分析法的计算公式如下：

资金需要量＝（基期资金平均占用额－不合理资金占用额）
×（1±预测期销售增减额）×（1±预测期资金周转速度变动率）

【例2-2】 甲企业上年度资金平均占用额为2 200万元，经分析，其中不合理部分200万元，预计本年度销售增长5%，资金周转加速2%。则：

预测年度资金需要量＝（2 200－200）×（1＋5%）×（1＋2%）＝2 058（万元）

二、销售百分比法

（一）基本原理

销售百分比法，是根据销售增长与资产增长之间的关系，预测未来资金需要量的方法。企业的销售规模扩大时，要相应增加流动资产；如果销售规模增加很多，还必须增加长期资产。为取得扩大销售所需增加的资产，企业需要筹措资金。这些资金，一部分来自留存收益，另一部分通过外部筹资取得。通常，销售增长率较高时，仅靠留存收益不能满足资金需要，即使获利良好的企业也需外部筹资。因此，企业需要预先知道自己的筹资需求，提前安排筹资计划，否则就可能发生资金短缺问题。

销售百分比法，将反映生产经营规模的销售因素与反映资金占用的资产因素连接起来，根据销售与资产之间的数量比例关系，预计企业的外部筹资需要量。销售百分比法首先假设某些资产与销售额存在稳定的百分比关系，根据销售与资产的比例关系预计资产额，根据资产额预计相应的负债和所有者权益，进而确定筹资需要量。

（二）基本步骤

1. 确定随销售额变动而变动的资产和负债项目。

资产是资金使用的结果，随着销售额的变动，经营性资产项目将占用更多的资金。同时，随着经营性资产的增加，相应的经营性短期债务也会增加，如存货增加会导致应付账款增加，此类债务称之为"自动性债务"，可以为企业提供暂时性资金。经营性资产与经营性负债的差额通常与销售额保持稳定的比例关系。这里，经营性资产项目包括库存现金、应收账款、存货等项目；而经营性负债项目包括应付票据、应付账款等项目，不包括短期借款、短期融资券、长期负债等筹资性负债。

2. 确定经营性资产与经营性负债有关项目与销售额的稳定比例关系。

如果企业资金周转的营运效率保持不变，经营性资产与经营性负债会随销售额的变动而呈正比例变动，保持稳定的百分比关系。企业应当根据历史资料和同业情况，剔除不合理的资金占用，寻找与销售额的稳定百分比关系。

3. 确定需要增加的筹资数量。

预计由于销售增长而需要的资金需求增长额，扣除利润留存后，即为所需要的外部筹资额。即有：

$$外部融资需求量 = \frac{A}{S_1} \times \Delta S - \frac{B}{S_2} \times \Delta S - P \times E \times S_2$$

式中：A 为随销售而变化的敏感性资产；B 为随销售而变化的敏感性负债；S_1 为基期销售额；S_2 为预测期销售额；ΔS 为销售变动额；P 为销售净利率；E 为利润留存率；A/S_1 为敏感资产与销售额的关系百分比；B/S_1 为敏感负债与销售额的关系百分比。①

【例 2-3】 光华公司 20×8 年 12 月 31 日的简要资产负债表如表 2-3 所示。假定光华公司 20×8 年销售额为 10 000 万元，销售净利率为 10%，利润留存率为 40%。20×9 年销售额预计增长 20%，公司有足够的生产能力，无需追加固定资产投资。

首先，确定有关项目及其与销售额的关系百分比。在表 2-3 中，N 为不变动，是指该项目不随销售的变化而变化。

表 2-3 光华公司资产负债表（20×8 年 12 月 31 日）

单位：万元

资产	金额	与销售关系（%）	负债与权益	金额	与销售关系（%）
货币资金	500	5	短期借款	2 500	N
应收账款	1 500	15	应付账款	1 000	10
存货	3 000	30	预提费用	500	5
固定资产	3 000	N	应付债券	1 000	N
			实收资本	2 000	N
			留存收益	1 000	N
合计	8 000	50	合计	8 000	15

其次，确定需要增加的资金量。从表中可以看出，销售收入每增加 100 元，必须增加 50 元的资金占用，但同时自动增加 15 元的资金来源，两者差额还有 35% 的资金需求。因此，每增加 100 元的销售收入，公司必须取得 35 元的资金来源，销售额从 10 000 万元增加到 12 000 万元，按照 35% 的比率可预测将增加 700 万元的资金需求。

最后，确定外部融资需求的数量。20×9 年的净利润为 1 200 万元（12 000×10%），利润留存为 40%，则将有 480 万元利润被留存下来，还有 220 万元的资金必须从外部筹集。

---

① 销售百分比法预测资金需要量时，计算留存利润是以销售利润为依据，因此本公式中使用销售净利率指标。这里，销售是指产品销售收入，即主营业务收入，销售净利率亦即主营业务净利率。

根据光华公司的资料，可求得对外融资的需求量为：

外部融资需求量＝50%×2 000－15%×2 000－40%×1 200＝220（万元）

销售百分比法的优点，是能为筹资管理提供短期预计的财务报表，以适应外部筹资的需要，且易于使用。但在有关因素发生变动的情况下，必须相应地调整原有的销售百分比。

三、资金习性预测法

资金习性预测法，是指根据资金习性预测未来资金需要量的一种方法。所谓资金习性，是指资金的变动同产销量变动之间的依存关系。按照资金同产销量之间的依存关系，可以把资金区分为不变资金、变动资金和半变动资金。

不变资金是指在一定的产销量范围内，不受产销量变动的影响而保持固定不变的那部分资金。也就是说，产销量在一定范围内变动，这部分资金保持不变。这部分资金包括：为维持营业而占用的最低数额的现金，原材料的保险储备，必要的成品储备，厂房、机器设备等固定资产占用的资金。

变动资金是指随产销量的变动而同比例变动的那部分资金。它一般包括直接构成产品实体的原材料、外购件等占用的资金。另外，在最低储备以外的现金、存货、应收账款等也具有变动资金的性质。

半变动资金是指虽然受产销量变化的影响，但不成同比例变动的资金，如一些辅助材料上占用的资金。半变动资金可采用一定的方法划分为不变资金和变动资金两部分。

（一）根据资金占用总额与产销量的关系预测

这种方式是根据历史上企业资金占用总额与产销量之间的关系，把资金分为不变和变动两部分，然后结合预计的销售量来预测资金需要量。

设产销量为自变量 X，资金占用为因变量 Y，它们之间的关系可用下式表示：

$$Y=a+bX$$

式中，a 为不变资金；b 为单位产销量所需变动资金。

可见，只要求出 a 和 b，并知道预测期的产销量，就可以用上述公式测算资金需求情况。a 和 b 可用回归直线方程求出。

【例2-4】 某企业历年产销量和资金变化情况如表2-4所示，根据表2-4整理出表2-5。20×9年预计销售量为1 500万件，需要预计20×9年的资金需要量。

$$a=\frac{\Sigma X_i^2 \Sigma Y_i-\Sigma X_i \Sigma X_i Y_i}{n\Sigma X_i^2-(\Sigma X_i)^2}=\frac{9\,470\,000\times 6\,000-7\,200\times 7\,250\,000}{6\times 8\,740\,000-7\,200^2}=400$$

$$b=\frac{n\Sigma X_i Y_i-\Sigma X_i \Sigma Y_i}{n\Sigma X_i^2-(\Sigma X_i)^2}=\frac{6\times 7\,250\,000-7\,200\times 6\,000}{6\times 8\,740\,000-7\,200^2}=0.5$$

解得：Y＝400＋0.5X

把20×9年预计销售量1 500万件代入上式，得出20×9年资金需要量为：

$400+0.5\times1\,500=1\,150$（万元）

表2-4　产销量与资金变化情况表

年　度	产销量（X_i）（万件）	资金占用（Y_i）（万元）
20×3年	1 200	1 000
20×4年	1 100	950
20×5年	1 000	900
20×6年	1 200	1 000
20×7年	1 300	1 050
20×8年	1 400	1 100

表2-5　资金需要量预测表（按总额预测）

年　度	产销量（X_i）（万件）	资金占用（Y_i）（万元）	X_iY_i	X_i^2
20×3年	1 200	1 000	1 200 000	1 440 000
20×4年	1 100	950	1 045 000	1 210 000
20×5年	1 000	900	900 000	1 000 000
20×6年	1 200	1 000	1 200 000	1 440 000
20×7年	1 300	1 050	1 365 000	1 690 000
20×8年	1 400	1 100	1 540 000	1 960 000
合计 n=6	$\Sigma X_i=7\,200$	$\Sigma Y_i=6\,000$	$\Sigma X_iY_i=7\,250\,000$	$\Sigma X_i^2=8\,740\,000$

（二）采用逐项分析法预测

这种方式是根据各资金占用项目（如现金、存货、应收账款、固定资产）同产销量之间的关系，把各项目的资金都分成变动和不变两部分，然后汇总在一起，求出企业变动资金总额和不变资金总额，进而来预测资金需求量。

【例2-5】　某企业历年现金占用与销售额之间的关系如表2-6所示。

表2-6　现金与销售额变化情况表

单位：元

年　度	销售收入（X_i）	现金占用（Y_i）
20×1年	2 000 000	110 000
20×2年	2 400 000	130 000
20×3年	2 600 000	140 000
20×4年	2 800 000	150 000
20×5年	3 000 000	160 000

根据以上资料，采用适当的方法来计算不变资金和变动资金的数额。此处假定采用高低点法求 a 和 b 的值。

$$b = \frac{最高收入期的资金占用量 - 最低收入期的资金占用量}{最高销售收入 - 最低销售收入}$$

$$= \frac{160\,000 - 110\,000}{3\,000\,000 - 2\,000\,000} = 0.05$$

将 $b=0.05$ 代入 20×5 年 $Y=a+bX$，得：

$$a = 160\,000 - 0.05 \times 3\,000\,000 = 10\,000（万元）$$

存货、应收账款、流动负债、固定资产等也可根据历史资料做这样的划分，然后汇总列于表 2-7 中。

表 2-7 资金需要量预测表（分享预测）

单位：元

项　　目	年度不变资金（a）	每 1 元销售收入所需变动资金（b）
流动资产		
货币资金	10 000	0.05
应收账款	60 000	0.14
存货	100 000	0.22
小计	170 000	0.41
减：流动负债		
应付账款及应付费用	80 000	0.11
净资金占用	90 000	0.30
固定资产		
厂房、设备	510 000	0
所需资金合计	600 000	0.30

根据表 2-7 的资料得出预测模型为：$Y = 600\,000 + 0.30X$

如果 20×6 年的预计销售额为 3 500 000 元，则：

20×6 年的资金需要量 $= 600\,000 + 0.30 \times 3\,500\,000 = 1\,650\,000$（元）

进行资金习性分析，把资金划分为变动资金和不变资金两部分，从数量上掌握了资金同销售量之间的规律性，对准确地预测资金需要量有很大帮助。实际上，销售百分比法是资金习性分析法的具体运用。

应用线性回归法必须注意以下几个问题：(1) 资金需要量与营业业务量之间线性关系的假定应符合实际情况；(2) 确定 a、b 数值，应利用连续若干年的历史资料，一般要有 3 年以上的资料；(3) 应考虑价格等因素的变动情况。

第五节 资本成本与资本结构

企业的筹资管理，不仅要合理选择筹资方式，而且还要科学安排资本结构。资本结构优化是企业筹资管理的基本目标，也会对企业的生产经营安排产生制约性的影响。资本成本是资本结构优化的标准，不同性质的资本所具有的资本成本特性，带来了杠杆效应。

一、资本成本

资本成本是衡量资本结构优化程度的标准，也是对投资获得经济效益的最低要求。企业筹得的资本付诸使用以后，只有投资报酬率高于资本成本，才能表明所筹集的资本取得了较好的经济效益。

（一）资本成本的含义

资本成本是指企业为筹集和使用资本而付出的代价，包括筹资费用和占用费用。资本成本是资本所有权与资本使用权分离的结果。对出资者而言，由于让渡了资本使用权，必须要求取得一定的补偿，资本成本表现为让渡资本使用权所带来的投资报酬。对筹资者而言，由于取得了资本使用权，必须支付一定代价，资本成本表现为去的资本使用权所付出的代价。

1. 筹资费。筹资费，是指企业在资本筹措过程中为获得资本而付出的代价，如想银行支付的借款手续费，因发行股票、公司债券而支付的发行费等。筹资费用通常在资本筹集时一次性发生，在资本使用过程中不再发生，因此，视为筹资数额的一项扣除。

2. 占用费。占用费，是指企业在资本使用过程中因占用资本而付出的代价，如向银行等债权人支付的利息，向股东支付的股利等。占用费用是因为占用了他人资金而必须支付的，是资本成本的主要内容。

（二）资本成本的作用

1. 资本成本是比较筹资方式、选择筹资方案的依据。

各种资本的资本成本率，是比较、评价各种筹资方式的依据。在评价各种筹资方式时，一般会考虑的因素包括对企业控制权的影响、对投资者吸引力的大小、融资的难易和风险、资本成本的高低等，而资本成本是其中的重要因素。在其他条件相同时，企业筹资应选择资本成本最低的方式。

2. 平均资本成本是衡量资本结构是否合理的依据。

企业财务管理目标是企业价值最大化，企业价值是企业资产带来的未来经济利益的现值。计算现值时采用的贴现率通常会选择企业的平均资本成本，当平均资本成本率最小时，企业价值最大，此时的资本结构是企业理想的最佳资本结构。

3. 资本成本是评价投资项目可行性的主要标准。

资本成本通常用相对数表示，它是企业对投入资本所要求的报酬率（或收益率），即最低必要报酬率。任何投资项目，如果它预期的投资报酬率超过该项目使用资金的资本成本率，则该项目在经济上就是可行的。因此，资本成本率是企业用以确定项目要求达到的投资报酬率的最低标准。

4. 资本成本是评价企业整体业绩的重要依据。

一定时期企业资本成本的高低，不仅反映企业筹资管理的水平，还可作为评价企业整体经营业绩的标准。企业的生产经营活动，实际上就是所筹集资本经过投放后形成的资产营运，企业的总资产报酬率应高于其平均资本成本率，才能带来剩余收益。

（三）个别资本成本的计算

个别资本成本是指单一融资方式的资本成本，包括银行借款资本成本、公司债券资本成本、融资租赁资本成本、普通股资本成本和留存收益成本等，其中前三类是债务资本成本，后两类是权益资本成本。个别资本成本率可用于比较和评价各种筹资方式。

1. 资本成本计算的基本模式。

（1）一般模式。为了便于分析比较，资本成本通常不考虑时间价值的一般通用模型计算，用相对数即资本成本率表达。计算时，将初期的筹资费用作为筹资额的一项扣除，扣除筹资费用后的筹资额称为筹资净额，通用的计算公式是：

$$资本成本率 = \frac{年资金占用费}{筹资总额 - 筹资费用} = \frac{年资金占用费}{筹资总额 \times (1-筹资费用率)}$$

（注：若资金来源为负债，还存在税前资本成本和税后资本成本的区别。计算税后资本成本需要从年资金占用费中减去资金资金占用费税前扣除导致的所得税节约额。）

（2）折现模式。对于金额大、时间超过一年的长期资本，更准确一些的资本成本计算方式是采用折现模式，即将债务未来还本付息或股权未来股利分红的折现值与目前筹资净额相等时的折现率作为资本成本率。即：

由：筹资净额现值－未来资本清偿额现金流量现值＝0

得：资本成本率＝所采用的折现率

2. 银行借款资本成本的计算。

银行借款资本成本包括借款利息和借款手续费用。利息费用税前支付，可以起抵税作用，一般计算税后资本成本率，税后资本成本率与权益资本成本率具有可比性。银行借款的资本成本率按一般模式计算为：

$$K_b = \frac{年利率 \times (1-所得税税率)}{1-手续费率} \times 100\% = \frac{i(1-T)}{1-f} \times 100\%$$

式中：K_b 为银行借款资本成本率；i 为银行借款年利率；f 为筹资费用率；T 为

所得税税率。

对于长期借款，考虑时间价值问题，还可以用折现模式计算资本成本率。

【例 2-6】 某企业取得 5 年期长期借款 200 万元，年利率 10%，每年付息一次，到期一次还本，借款费用率 0.2%，企业所得税税率 20%，该项借款的资本成本率为：

$$K_b = \frac{10\% \times (1-20\%)}{1-0.2\%} = 8.16\%$$

考虑时间价值，该项长期借款的资本成本计算如下（M 为债务面值）：

$$M(1-f) = \sum_{t=1}^{n} \frac{I_t(1-T)}{(1+K_b)^t} + \frac{M}{(1+K_b)^n}$$

即：$200 \times (1-0.2\%) = 200 \times 10\% \times (1-20\%) \times (P/A, K_b, 5) + (P/F, K_b, 5)$

按插值法计算，得：$K_b = 8.05\%$

3. 公司债券资本成本的计算。公司债券资本成本包括债券利息和借款发行费用。债券可以溢价发行，也可以折价发行，其资本成本率按一般模式计算为：

$$K_b = \frac{年利息 \times (1-所得税税率)}{债券筹资总额 \times (1-手续费率)} \times 100\% = \frac{I(1-T)}{L(1-f)} \times 100\%$$

式中：L 为公司债券筹资总额；I 为公司债券年利息。

【例 2-7】 某企业以 1 100 元的价格，溢价发行面值为 1 000 元、期限 5 年、票面利率为 7% 的公司债券一批。每年付息一次，到期一次还本，发行费用率 3%，所得税税率 20%。该批债券的资本成本率为：

$$K_b = \frac{1000 \times 7\% \times (1-20\%)}{1100 \times (1-3\%)} = 5.25\%$$

考虑时间价值，该项公司债券的资本成本计算如下：

$1 100 \times (1-3\%) = 1 000 \times 7\% \times (1-20\%) \times (P/A, K_b, 5) + 1 000 \times (P/F, K_b, 5)$

按插值法计算，得：$K_b = 4.09\%$

4. 融资租赁资本成本的计算。融资租赁各期的租金中，包含有本金每期的偿还和各期手续费用（即租赁公司的各期利润），其资本成本率只能按贴现模式计算。

【例 2-8】 续例 3-1 基本资料，该设备价值 60 万元，租期 6 年，租赁期满时预计残值 5 万元，归租赁公司。每年租金 131 283 元，则：

$600 000 - 50 000 \times (P/F, K_b, 6) = 131 283 \times (P/A, K_b, 6)$

得：$K_b = 10\%$

5. 普通股资本成本的计算。普通股资本成本主要是向股东支付的各期股利。由于各期股利并不一定固定，随企业各期收益波动，因此普通股的资本成本只能按贴现模式计算，并假定各期股利的变化具有一定的规律性。如果是上市公司普通股，其资本成本还可以根据该公司的股票收益率与市场收益率的相关性，按资本资产定价模型法估计。

（1）股利增长模型法。假定资本市场有效，股票市场价格与价值相等。假定某股票本期支付的股利为 D_0，未来各期股利按 g 速度增长。目前股票市场价格为 P_0，则普通股资本成本为：

$$K_s = \frac{D_0(1+g)}{P_0(1-f)} + g = \frac{D_1}{P_0(1-f)} + g$$

【例 2-9】 某公司普通股市价 30 元，筹资费用率 2%，本年发放现金股利每股 0.6 元，预期股利年增长率为 10%。则：

$$K_s = \frac{0.6 \times (1+10\%)}{30 \times (1-2\%)} + 10\% = 12.24\%$$

（2）资本资产定价模型法。假定资本市场有效，股票市场价格与价值相等。假定刷风险报酬率为 R_f，市场平均报酬率为 R_m，某股票贝塔系数为 β，则普通股资本成本率为：

$$K_s = R_s = R_f + \beta(R_m - R_f)$$

【例 2-10】 某公司普通股 β 系数为 1.5，此时一年期国债利率 5%，市场平均报酬率 15%，则该普通股资本成本率为：

$$K_s = 5\% + 1.5 \times (15\% - 5\%) = 20\%$$

6. 留存收益资本成本的计算。留存收益是企业税后净利形成的，是一种所有者权益，其实质是所有者向企业的追加投资。企业利用留存收益筹资无需发生筹资费用。如果企业将留存收益用于再投资，所获得的收益率低于股东自己进行一项风险相似的投资项目的收益率，企业就应该将其分配给股东。留存收益的资本成本率，表现为股东追加投资要求的报酬率，其计算与普通股成本相同，也分为股利增长模型法和资本资产定价模型法，不同点在于留存收益资本成本不考虑筹资费用。

（四）平均资本成本的计算

平均资本成本是指多元化融资方式下的综合资本成本，反映了企业资本成本整体水平的高低。在衡量和评价单一融资方案时，需要计算个别资本成本；在衡量和评价企业筹资总体的经济性时，需要计算企业的平均资本成本。平均资本成本用于衡量企业资本成本水平，确立企业理想的资本结构。

企业平均资本成本，是以各项个别资本在企业总资本中的比重为权数，对各项个别资本成本率进行加权平均而得到的总资本成本率。计算公式为：

$$K_w = \sum_{j=1}^{n} K_j W_j$$

式中：K_w 为平均资本成本；K_j 为第 j 种个别资本成本；W_j 为第 j 种个别资本在全部资本中的比重。

平均资本成本的计算，存在着权数价值的选择问题，即各项个别资本按什么权数来确定资本比重。通常，可供选择的价值形式有账面价值、市场价值、目标价值等。

1. 账面价值权数。即以各项个别资本的会计报表账面价值为基础来计算资本权数，确定各类资本占总资本的比重。其优点是资料容易取得，可以直接从资产负债表中得到，而且计算结果比较稳定。其缺点是，当债券和股票的市价与账面价值差距较大时，导致按账面价值计算出来的资本成本，不能反映目前从资本市场上筹集资本的现时机会成本，不适合评价现时的资本结构。

2. 市场价值权数。即以各项个别资本的现行市价为基础来计算资本权数，确定各类资本占总资本的比重。其优点是能够反映现时的资本成本水平，有利于进行资本结构决策。但现行市价处于经常变动之中，不容易取得，而且现行市价反映的只是现时的资本结构，不适用未来的筹资决策。

3. 目标价值权数。即以各项个别资本预计的未来价值为基础来确定资本权数，确定各类资本占总资本的比重。目标价值是目标资本结构要求下的产物，是公司筹措和使用资金对资本结构的一种要求。对于公司筹措新资金，需要反映期望的资本结构来说，目标价值是有益的，适用于未来的筹资决策，但目标价值的确定难免具有主观性。

以目标价值为基础计算资本权重，能体现决策的相关性。目标价值权数的确定，可以选择未来的市场价值，也可以选择未来的账面价值。选择未来的市场价值，与资本市场现状联系比较紧密，能够与现时的资本市场环境状况结合起来，目标价值权数的确定一般以现时市场价值为依据。但市场价值波动频繁，可行方案是选用市场价值的历史平均值，如30日、60日、120日均价等。总之，目标价值权数是主观愿望和预期的表现，依赖于财务经理的价值判断和职业经验。

【例2-11】 万达公司20×5年期末的长期资本账面总额为1 000万元，其中：银行长期贷款400万元，占40%；长期债券150万元，占15%；普通股450万元，占45%。长期贷款、长期债券和普通股的个别资本成本分别为：5%、6%、9%。普通股市场价值为1 600万元，债务市场价值等于账面价值。该公司的平均资本成本为：

按账面价值计算：

$$K_w = 5\% \times 40\% + 6\% \times 15\% + 9\% \times 15\% = 6.95\%$$

按市场价值计算：

$$K_w = \frac{5\% \times 400 + 6\% \times 150 + 9\% \times 1600}{400 + 150 + 1600} = \frac{173}{2150} = 8.05\%$$

（五）边际资本成本的计算

边际资本成本是企业追加筹资的成本。企业的个别资本成本和平均资本成本，是企业过去筹集的单项资本的成本和目前使用全部资本的成本。然而，企业在追加筹资时，不能仅仅考虑目前所使用资本的成本，还要考虑新筹集资金的成本，即边际资本成本。边际资本成本，是企业进行追加筹资的决策依据。筹资方案组合时，边际资本成本的权数采用目标价值权数。

【例 2-12】 某公司设定的目标资本结构为：银行借款 20%、公司债券 15%、普通股 65%。现拟追加筹资 300 万元，按此资本结构来筹资。个别资本成本率预计分别为：银行借款 7%，公司债券 12%，普通股权益 15%。追加筹资 300 万元的边际资本成本，如表 2-8 所示。

表 2-8　边际资本成本计算表

资本种类	目标资本结构	追加筹资额	个别资本成本	边际资本成本
银行借款	20%	60 万元	7%	1.4%
公司债券	15%	45 万元	12%	1.8%
普通股	65%	195 万元	15%	9.75%
合　　计	100%	300 万元	——	12.95%

二、杠杆效应

财务管理中存在着类似于物理学中的杠杆效应，表现为：由于特定固定支出或费用的存在，导致当某一财务变量以较小幅度变动时，另一相关变量会以较大幅度变动。财务管理中的杠杆效应，包括经营杠杆、财务杠杆和总杠杆三种效应形式。杠杆效应既可以产生杠杆利益，也可能带来杠杆风险。

（一）经营杠杆效应

1. 经营杠杆。经营杠杆，是指由于固定性经营成本的存在，而使得企业的资产报酬（息税前利润）变动率大于业务量变动率的现象。经营杠杆反映了资产报酬的波动性，用以评价企业的经营风险。用息税前利润（EBIT）表示资产总报酬，则：

$$EBIT = S - V - F = (P - V_c)Q - F = M - F$$

式中：EBIT 为息税前利润；S 为销售额；V 为变动性经营成本；F 为固定性经营成本；Q 为产销业务量；P 为销售单价；V_c 为单位变动成本；M 为边际贡献。

上式中，影响 EBIT 的因素包括产品售价、产品需求、产品成本等因素。当产品成本中存在固定成本时，如果其他条件不变，产销业务量的增加虽然不会改变固定成本总额，但会降低单位产品分摊的固定成本，从而提高单位产品利润，使息税前利润的增长率大于产销业务量的增长率，进而产生经营杠杆效应。当不存在固定性经营成本时，所有成本都是变动性经营成本，边际贡献等于息税前利润，此时息税前利润变动率与产销业务量的变动率完全一致。

2. 经营杠杆系数。只要企业存在固定性经营成本，就存在经营杠杆效应。但不同的产销业务量，其相应杠杆效应的大小程度是不一致的。测算经营杠杆效应程度，常用指标为经营杠杆系数。经营杠杆系数（DOL），是息税前利润变动率与产销业务量变动率的比，计算公式为：

$$DOL = \frac{息税前利润变动率}{产销量变动率} = \frac{\Delta EBIT}{EBIT} \bigg/ \frac{\Delta Q}{Q}$$

式中：DOL 为经营杠杆系数；ΔEBIT 为息税前利润变动额；ΔQ 为产销业务量变动值。

上式经整理，经营杠杆系数的计算也可以简化为：

$$DOL = \frac{基期边际贡献}{基期息税前利润} = \frac{M}{M-F} = \frac{EBIT+F}{EBIT}$$

【例 2-13】 泰华公司产销某种服装，固定成本 500 万元，变动成本率 70%。年产销额 5 000 万元时，变动成本 3 500 万元，固定成本 500 万元，息税前利润 1 000 万元；年产销额 7 000 万元时，变动成本为 4 900 万元，固定成本仍为 500 万元，息税前利润为 1 600 万元。可以看出，该公司产销量增长了 40%，息税前利润增长了 60%，产生了 1.5 倍的经营杠杆效应。

$$DOL = \frac{\Delta EBIT}{EBIT} / \frac{\Delta Q}{Q} = \frac{600}{1\,000} / \frac{2\,000}{5\,000} = 1.5$$

$$DOL = \frac{M}{EBIT} = \frac{5\,000 \times 30\%}{1\,000} = 1.5$$

3. 经营杠杆与经营风险。经营风险是指企业由于生产经营上的原因而导致的资产报酬波动的风险。引起企业经营风险的主要原因是市场需求和生产成本等因素的不确定性，经营杠杆本身并不是资产报酬不确定的根源，只是资产报酬波动的表现。但是，经营杠杆放大了市场和生产等因素变化对利润波动的影响。经营杠杆系数越高，表明资产报酬等利润波动程度越大，经营风险也就越大。根据经营杠杆系数的计算公式，有：

$$DOL = \frac{EBIT+F}{EBIT} = 1 + \frac{F}{EBIT}$$

上式表明，在企业不发生经营性亏损、息税前利润为正的前提下，经营杠杆系数最低为 1，不会为负数；只要有固定性经营成本存在，经营杠杆系数总是大于 1。

从上式可知，影响经营杠杆的因素包括：企业成本结构中的固定成本比重；息税前利润水平。其中，息税前利润水平又受产品销售数量、销售价格、成本水平（单位变动成本和固定成本总额）高低的影响。固定成本比重越高、成本水平越高、产品销售数量和销售价格水平越低，经营杠杆效应越大，反之亦然。

【例 2-14】 某企业生产 A 产品，固定成本 100 万元，变动成本率 60%，当销售额分别为 1 000 万元，500 万元，250 万元时，经营杠杆系数分别为：

$$DOL_{1000} = \frac{1\,000 - 1\,000 \times 60\%}{1\,000 - 1\,000 \times 60\% - 100} = 1.33$$

$$DOL_{500} = \frac{500 - 500 \times 60\%}{500 - 500 \times 60\% - 100} = 2$$

$$DOL_{250} = \frac{250 - 250 \times 60\%}{250 - 250 \times 60\% - 100} \to \infty$$

上例计算结果表明：在其他因素不变的情况下，销售额越小，经营杠杆系数越大，经营风险也就越大，反之亦然。如销售额为 1 000 万元时，DOL 为 1.33，销售额为 500 万元时，DOL 为 2，显然后者的不稳定性大于前者，经营风险也大于前者。在销售额处于盈亏临界点 250 万元时，经营杠杆系数趋于无穷大，此时企业销售额稍有减少便会导致更大的亏损。

（二）财务杠杆效应

1. 财务杠杆。财务杠杆，是指由于固定性资本成本的存在，而使得企业的普通股收益（或每股收益）变动率大于息税前利润变动率的现象。财务杠杆反映了股权资本报酬的波动性，用以评价企业的财务风险。用普通股收益或每股收益表示普通股权益资本报酬，则：

$$TE=(EBIT-I)(1-T)$$
$$EPS=(EBIT-I)(1-T)/N$$

式中：TE 为全部普通股净收益；EPS 为每股收益；I 为债务资本利息；T 为所得税税率；N 为普通股股数。

上式中，影响普通股收益的因素包括资产报酬、资本成本、所得税税率等因素。当有固定利息费用等资本成本存在时，如果其他条件不变，息税前利润的增加虽然不改变固定利息费用总额，但会降低每一元息税前利润分摊的利息费用，从而提高每股收益，使得普通股收益的增长率大于息税前利润的增长率，进而产生财务杠杆效应。当不存在固定利息、股息等资本成本时，息税前利润就是利润总额，此时利润总额变动率与息税前利润变动率完全一致。如果两期所得税税率和普通股股数保持不变，每股收益的变动率与利润总额变动率也完全一致，进而与息税前利润变动率一致。

2. 财务杠杆系数。只要企业融资方式中存在固定性资本成本，就存在财务杠杆效应。如固定利息、固定融资租赁费等的存在，都会产生财务杠杆效应。在同一固定的资本成本支付水平上，不同的息税前利润水平，对固定的资本成本的承受负担是不一样的，其财务杠杆效应的大小程度是不一致的。测算财务杠杆效应程度，常用指标为财务杠杆系数。财务杠杆系数（DFL），是每股收益变动率与息税前利润变动率的倍数，计算公式为：

$$DFL=\frac{每股收益变动率}{息税前利润变动率}=\frac{\Delta EPS/EPS}{\Delta EBIT/EBIT}$$

上式经整理，财务杠杆系数的计算也可以简化为：

$$DFL=\frac{息税前利润总额}{息税前利润总额-利息}=\frac{EBIT}{EBIT-I}$$

【例 2-15】 有 A、B、C 三个公司，资本总额均为 1 000 万元，所得税税率均为 30%，每股面值均为 1 元。A 公司资本全部由普通股组成；B 公司债务资本 300 万元（利率 10%），普通股 700 万元；C 公司债务资本 500 万元（利率 10.8%），普通股 500

万元。三个公司 20×8 年 EBIT 均为 200 万元，20×9 年 EBIT 均为 300 万元，EBIT 增长了 50%。有关财务指标如表 2-9 所示：

表 2-9 普通股收益及财务杠杆的计算

单位：万元

利润项目		A 公司	B 公司	C 公司
普通股股数		1 000 万股	700 万股	500 万股
利润总额	20×8 年	200	170	146
	20×9 年	300	270	246
	增长率	50%	58.82%	68.49%
净利润	20×8 年	140	119	102.2
	20×9 年	210	189	172.2
	增长率	50%	58.82%	68.49%
普通股收益	20×8 年	140	119	102.2
	20×9 年	210	189	172.2
	增长率	50%	58.82%	68.49%
每股收益	20×8 年	0.14 元	0.17 元	0.20 元
	20×9 年	0.21 元	0.27 元	0.34 元
	增长率	50%	58.82%	68.49%
财务杠杆系数		1.000	1.176	1.370

可见，资本成本固定型的资本所占比重越高，财务杠杆系数就越大。A 公司由于不存在固定资本成本的资本，没有财务杠杆效应；B 公司存在债务资本，其普通股收益增长幅度是息税前利润增长幅度的 1.176 倍；C 公司存在债务资本，并且债务资本的比重比 B 公司高，其普通股收益增长幅度是息税前利润增长幅度的 1.370 倍。

3. 财务杠杆与财务风险。

财务风险是指企业由于筹资原因产生的资本成本负担而导致的普通股收益波动的风险。引起企业财务风险的主要原因是资产报酬的不利变化和资本成本的固定负担。由于财务杠杆的作用，当企业的息税前利润下降时，企业仍然需要支付固定的资本成本，导致普通股剩余收益以更快的速度下降。财务杠杆放大了资产报酬变化对普通股收益的影响，财务杠杆系数越高，表明普通股收益的波动程度越大，财务风险也就越大。只要有固定性资本成本存在，财务杠杆系数总是大于 1。

从公式可知，影响财务杠杆的因素包括：企业资本结构中债务资本比重；普通股收益水平；所得税税率水平。其中，普通股收益水平又受息税前利润、固定资本成本（利息）高低的影响。债务成本比重越高、固定的资本成本支付额越高、息税前利润水平越低，财务杠杆效应越大，反之亦然。

【例 2-16】在例 2-15 中，三个公司 20×8 年的财务杠杆系数分别为：A 公司 1.000；

B公司1.176；C公司1.370。这意味着，如果EBIT下降时，A公司的EPS与之同步下降，而B公司和C公司的EPS会以更大的幅度下降。导致各公司EPS不为负数的EBIT最大降幅为：

表2-10 三公司EBIT降幅表

公司	DFL	EPS降低	EBIT降低
A	1.000	100%	100%
B	1.176	100%	85.03%
C	1.370	100%	72.99%

上述结果意味着，20×9年在20×8年的基础上，EBIT降低72.99%，C公司普通股收益会出现亏损；EBIT降低85.03%，B公司普通股收益和指率先亏损；EBIT降低100%，A公司普通股收益会出现亏损。显然，C公司不能支付利息、不能满足普通股股利要求的财务风险远高于其他公司。

（三）总杠杆效应

1. 总杠杆。经营杠杆和财务杠杆可以独自发挥作用，也可以综合发挥作用，总杠杆是用来反映两者之间共同作用结果的，即权益资本报酬与产销业务量之间的变动关系。由于固定性经营成本的存在，产生经营杠杆效应，导致产销业务量变动对息税前利润变动有放大作用；同样，由于固定性资本成本的存在，产生财务杠杆效应，导致息税前利润变动对普通股收益有放大作用。两种杠杆共同作用，将导致产销业务量的变动引起普通股每股收益更大的变动。

总杠杆，是指由于固定经营成本和固定资本成本的存在，导致普通股每股收益变动率大于产销业务量的变动率的现象。

2. 总杠杆系数。只要企业同时存在固定性经营成本和固定性资本成本，就存在总杠杆效应。产销量变动通过息税前利润的变动，传导至普通股收益，使得每股收益发生更大的变动。用总杠杆系数（DTL）表示总杠杆效应程度，可见，总杠杆系数是经营杠杆系数和财务杠杆系数的乘积，是普通股每股收益变动率相当于产销量变动率的倍数，计算公式为：

$$DTL = \frac{普通股每股收益变动率}{产销量变动率}$$

上式经整理，总杠杆系数的计算也可以简化为：

$$DTL = DOL \times DFL = \frac{基期边际贡献}{基期利润总额} = \frac{M}{M-F-1}$$

【例2-17】某企业有关资料如表2-11所示，可以分别计算其20×8年经营杠杆系数、财务杠杆系数和总杠杆系数。

表 2-11 杠杆效应计算表

单位：万元

项　　目	20×8 年	20×9 年	变动率
销售收入（售价 10 元）	1 000	1 200	20%
边际贡献（单位 4 元）	400	480	20%
固定成本	200	200	——
息税前利润（EBIT）	200	280	40%
利息	50	50	——
利润总额	150	230	53.33%
净利润（税率 20%）	120	184	53.33%
每股收益（200 万股，元）	0.60	0.92	53.33%
经营杠杆（DOL）			2.000
财务杠杆（DFL）			1.333
总杠杆（DTL）			2.667

3. 总杠杆与公司风险。

公司风险包括企业的经营风险和财务风险。总杠杆系数反映了经营杠杆和财务杠杆之间的关系，用以评价企业的整体风险水平。在总杠杆系数一定的情况下，经营杠杆系数与财务杠杆系数此消彼长。总杠杆效应的意义在于：第一，能够说明产销业务量变动对普通股收益的影响，据以预测未来的每股收益水平；第二，揭示了财务管理的风险管理策略，即要保持一定的风险状况水平，需要维持一定的总杠杆系数，经营杠杆和财务杠杆可以有不同的组合。

一般来说，固定资产比较重大的资本密集型企业，经营杠杆系数高，经营风险大，企业筹资主要依靠权益资本，以保持较小的财务杠杆系数和财务风险；变动成本比重较大的劳动密集型企业，经营杠杆系数低，经营风险小，企业筹资主要依靠债务资本，保持较大的财务杠杆系数和财务风险。

一般来说，在企业初创阶段，产品市场占有率低，产销业务量小，经营杠杆系数大，此时企业筹资主要依靠权益资本，在较低程度上使用财务杠杆；在企业扩张成熟期，产品市场占有率高，产销业务量大，经营杠杆系数小，此时，企业资本结构中可扩大债务资本，在较高程度上使用财务杠杆。

三、资本结构

资本结构及其管理是企业筹资管理的核心问题。企业应综合考虑有关影响因素，运用适当的方法确定最佳资本结构，提升企业价值。如果企业现有资本结构不合理，应通过筹资活动优化调整资本结构，使其趋于科学合理。

(一) 资本结构的含义

资本结构是指企业资本总额中各种资本的构成及其比例关系。筹资管理中,资本结构有广义和狭义之分。广义的资本结构包括全部债务与股东权益的构成比率;狭义的资本结构则指长期负债与股东权益资本构成比率。狭义资本结构下,短期债务作为营运资金来管理。本书所指的资本结构通常仅是狭义的资本结构,也就是债务资本在企业全部资本中所占的比重。

所谓最佳资本结构,是指在一定条件下使企业平均资本成本率最低、企业价值最大的资本结构。资本结构优化的目标,是降低平均资本成本率或提高普通股每股收益。

从理论上讲,最佳资本结构是存在的,但由于企业内部条件和外部环境的经常性变化,动态地保持最佳资本结构十分困难。因此在实践中,目标资本结构通常是企业结合自身实际进行适度负债经营所确立的资本结构。

(二) 资本结构优化

资本结构优化,要求企业权衡负债的低资本成本和高财务风险的关系,确定合理的资本结构。资本结构优化的目标,是降低平均资本成本率或提高普通股每股收益。

1. 每股收益分析法。

可以用每股收益的变化来判断资本结构是否合理,即能够提高普通股每股收益的资本结构,就是合理的资本结构。在资本结构管理中,利用债务资本的目的之一,就在于债务资本能够提供财务杠杆效应,利用负债筹资的财务杠杆作用来增加股东财富。

每股收益受到经营利润水平、债务资本成本水平等因素的影响,分析每股收益与资本结构的关系,可以找到每股收益无差别点。所谓每股收益无差别点,是指不同筹资方式下每股收益都相等时的息税前利润和业务量水平。根据每股收益无差别点,可以分析判断在什么样的息税前利润水平或产销业务量水平前提下,适于采用何种筹资组合方式,进而确定企业的资本结构安排。

在每股收益无差别点上,无论是采用债务还是股权筹资方案,每股收益都是相等的。当预期息税前利润或业务量水平大于每股收益无差别点时,应当选择财务杠杆效应较大的筹资方案,反之亦然。在每股收益无差别点时,不同筹资方案的 EPS 是相等的,用公式表示如下:

$$\frac{(\overline{\text{EBIT}} - I_1)(1-T)}{N_1} = \frac{(\overline{\text{EBIT}} - I_2)(1-T)}{N_2}$$

$$\overline{\text{EBIT}} = \frac{I_1 \cdot N_2 - I_2 \cdot N_1}{N_2 - N_1}$$

式中:$\overline{\text{EBIT}}$ 为息税前利润平衡点,即每股收益无差别点;

I_1、I_2 为两种筹资方式下的债务利息;

N_1、N_2 为两种筹资方式下普通股股数；

T 为所得税税率。

【例 2-18】 光华公司目前资本结构为：总资本 1 000 万元，其中债务资本 400 万元（年利息 40 万元）；普通股资本 600 万元（600 万股，面值 1 元，市价 5 元）。企业由于有一个较好的新投资项目，需要追加筹资 300 万元，有两种筹资方案：

甲方案：向银行取得长期借款 300 万元，利息率 16%。

乙方案：增发普通股 100 万股，每股发行价 3 元。

根据财务人员测算，追加筹资后销售额可望达到 1 200 万元，变动成本率 60%，固定成本为 200 万元，所得税率 20%，不考虑筹资费用因素。根据上述数据，代入无差别点公式：

$$\frac{(\overline{EBIT}-40)\times(1-20\%)}{600+100} = \frac{(\overline{EBIT}-40-48)\times(1-20\%)}{600}$$

得：$\overline{EBIT} = 376$（万元）

或：$\overline{EBIT} = \dfrac{40\times 600-(40+48)\times(600+100)}{600-(600+100)} = 376$(万元)

这里，$\overline{EBIT}$ 为 376 万元是两个筹资方案的每股收益无差别点。在此点上，两个方案的每股收益相等，均为 0.384 元。企业预期追加筹资后销售额 1 200 万元，预期获利 280 万元，低于无差别点 376 万元，应当采用财务风险较小的乙方案，即增发普通股方案。在 1 200 万元销售额水平上，甲方案的 EPS 为 0.256 元，乙方案的 EPS 为 0.274 元。

当企业需要的资本额较大时，可能会采用多种筹资方式组合融资。这时，需要详细比较分析各种组合筹资方式下的资本成本及其对每股收益的影响，选择每股收益最高的筹资方式。

【例 2-19】 光华公司目前资本结构为：总资本 1 000 万元，其中债务资本 400 万元（年利息 40 万元）；普通股资本 600 万元（600 万股，面值 1 元，市价 5 元）。企业由于扩大经营规模，需要追加筹资 800 万元，所得税率 20%，不考虑筹资费用因素。有三种筹资方案：

甲方案：增发普通股 200 万股，每股发行价 3 元；同时向银行借款 200 万元，利率保持原来的 10%。

乙方案：增发普通股 100 万股，每股发行价 3 元；同时溢价发行 500 万元面值为 300 万元的公司债券，票面利率 15%。

丙方案：不增发普通股，溢价发行 600 万元面值为 400 万元的公司债券，票面利率 15%；由于受债券发行数额的限制，需要补充向银行借款 200 万元，利率 10%。

三种方案各有优劣：增发普通股能够减轻资本成本的固定性支出，但股数增加会摊薄每股收益；采用债务筹资方式能够提高每股收益，但增加了固定性资本成本负担，受到的限制较多。基于上述原因，筹资方案需要两两比较。

甲、乙方案的比较：$\dfrac{(\overline{EBIT}-40-20)\times(1-20\%)}{600+200}=\dfrac{(\overline{EBIT}-40-45)\times(1-20\%)}{600+100}$

解得：$\overline{EBIT}=260$（万元）

乙、丙方案的比较：$\dfrac{(\overline{EBIT}-40-45)\times(1-20\%)}{600+100}=\dfrac{(\overline{EBIT}-40-90)\times(1-20\%)}{600}$

解得：$\overline{EBIT}=330$（万元）

甲、丙方案的比较：$\dfrac{(\overline{EBIT}-40-20)\times(1-20\%)}{600+200}=\dfrac{(\overline{EBIT}-40-90)\times(1-20\%)}{600}$

解得：$\overline{EBIT}=300$（万元）

（上述结果也可直接代公式求得）

筹资方案两两比较时，产生了三个筹资分界点，上述分析结果可用图2-1表示。从图2-1中可以看出：企业EBIT预期为260万元以下时，应当采用甲筹资方案；EBIT预期为260万～330万元之间时，应当采用乙筹资方案；EBIT预期为330万元以上时，应当采用丙筹资方案。

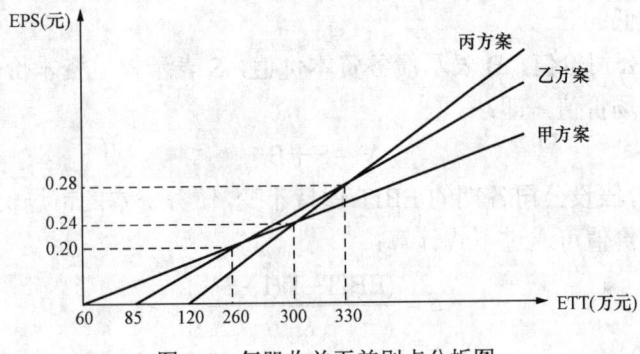

图2-1 每股收益无差别点分析图

2. 平均资本成本比较法

平均资本成本比较法，是通过计算和比较各种可能的筹资组合方案的平均资本成本，选择平均资本成本率最低的方案。即能够降低平均资本成本的资本结构，就是合理的资本结构。这种方法侧重于从资本投入的角度对筹资方案和资本结构进行优化分析。

【例2-20】长达公司需筹集100万元长期资本，可以用贷款、发行债券、发行普通股三种方式筹集，其个别资本成本率已分别测定，有关资料如表2-12所示。

表2-12 长达公司资本成本与资本结构数据表

筹资方式	资本结构 A方案	资本结构 B方案	资本结构 C方案	个别资本成本率
贷款	40%	30%	20%	6%
债券	10%	15%	20%	8%
普通股	50%	55%	60%	9%
合计	100%	100%	100%	

首先，分别计算三个方案的综合资本成本 K。

A 方案：K＝40%×6%＋10%×8%＋50%×9%＝7.7%
B 方案：K＝30%×6%＋15%×8%＋55%×9%＝7.95%
C 方案：K＝20%×6%＋20%×8%＋60%×9%＝8.2%

其次，根据企业筹资评价的其他标准，考虑企业的其他因素，对各个方案进行修正之后，再选择其中成本最低的方案。本例中，我们假设其他因素对方案选择的影响甚小，则 A 方案的综合资本成本最低。这样，该公司的资本结构为贷款 40 万元，发行债券 10 万元，发行普通股 50 万元。

3. 公司价值分析法。

以上两种方法都是从账面价值的角度进行资本结构优化分析，没有考虑市场反应，也没有考虑风险因素。公司价值分析法，是在考虑市场风险的基础上，以公司市场价值为标准，进行资本结构优化。即能够提升公司价值的资本结构，就是合理的资本结构。这种方法主要用于对现有资本结构进行调整，适用于资本规模较大的上市公司资本结构优化分析。同时，在公司价值最大的资本结构下，公司的平均资本成本率也是最低的。

设：V 表示公司价值，B 表示债务资本价值，S 表示权益资本价值。公司价值应该等于资本的市场价值，即：

$$V＝S＋B$$

为简化分析，假设公司各期的 EBIT 保持不变，债务资本的市场价值等于其面值，权益资本的市场价值可通过下式计算：

$$S=\frac{(EBIT-1)(1-T)}{K_s}$$

且：$K_s=R_s=R_f+\beta(R_m-R_f)$

此时：$K_w=K_b\frac{B}{V}(1-T)+K_s\frac{S}{V}$

【例 2-21】某公司息税前利润为 400 万元，资本总额账面价值 1 000 万元。假设无风险报酬率为 6%，证券市场平均报酬率为 10%，所得税率为 40%。经测算，不同债务水平下的权益资本成本率和债务资本成本率如表 2-13 所示。

表 2-13 不同债务水平下的债务资本成本率和权益资本成本率

债务市场价值 B（万元）	税前债务利息率 K_b	股票 β 系数	权益资本成本率 R_s
0		1.50	12.0%
200	8.0%	1.55	12.2%
400	8.5%	1.65	12.6%
600	9.0%	1.80	13.2%
800	10.0%	2.00	14.0%
1 000	12.0%	2.30	15.2%
1 200	15.0%	2.70	16.8%

根据表 2-13 资料，可计算出不同资本结构下的企业总价值和综合资本成本。如表 2-14 所示。

表 2-14　公司价值和平均资本成本率

单位：万元

债务市场价值	股票市场价值	公司总价值	债务税后资本成本	普通股资本成本	平均资本成本
0	2 000	2 000	——	12.0%	12.0%
200	1 889	2 089	4.80%	12.2%	11.5%
400	1 743	2 143	5.10%	12.6%	11.2%
600	1 573	2 173	5.40%	13.2%	11.0%
800	1 371	2 171	6.00%	14.0%	11.1%
1 000	1 105	2 105	7.20%	15.2%	11.4%
1 200	786	1 986	9.00%	16.8%	12.1%

可以看出，在没有债务资本的情况下，公司的总价值等于股票的账面价值。当公司增加一部分债务时，财务杠杆开始发挥作用，股票市场价值大于其账面价值，公司总价值上升，平均资本成本率下降。在债务达到 600 万元时，公司总价值最高，平均资本成本率最低。债务超过 600 万元后，随着利息率的不断上升，财务杠杆作用逐步减弱甚至呈现副作用，公司总价值下降，平均资本成本率上升。因此，债务为 600 万元时的资本结构是该公司的最优资本结构。

练 习 题

一、单项选择题

1. 企业筹资管理的基本目标是（　　）。
   A. 合理选择筹资方式　　　　B. 资本结构优化
   C. 取得较好的经济效益　　　D. 带来杠杆效应

2. ABC 公司 2010 年的经营杠杆系数为 3，产销量的计划增长率为 10%，假定其他因素不变，则该年普通股每股息税前利润增长率为（　　）。
   A. 30%　　　　B. 25%　　　　C. 20%　　　　D. 10%

3. 按照有无特定的财产担保，可将债券分为（　　）。
   A. 记名债券和无记名债券
   B. 可转换债券和不可转换债券
   C. 信用债券和担保债券
   D. 不动产抵押债券和证券信托抵押债券

4. 下列关于混合筹资的说法不正确的是（　　）。
   A. 可转换债券的持有人可以随时按事先规定的价格或转换比率，自由地选择转换为公司普通股
   B. 可转换债券筹资在股价大幅度上扬时，存在减少筹资数量的风险
   C. 认股权证具有实现融资和股票期权激励的双重功能
   D. 认股权证本身是一种认购普通股的期权，它没有普通股的红利收入，也没有普通股相应的投票权

5. 下列关于认股权证的说法不正确的是（　　）。
   A. 在认股之前持有人对发行公司拥有股权
   B. 它具有融资促进的作用
   C. 它是一种具有内在价值的投资工具
   D. 它是常用的员工激励机制

6. 某证券公司，其经营业务包括证券经纪、证券投资咨询与证券交易、证券投资活动有关的财务顾问。那么该证券公司的最低注册资本为（　　）。
   A. 人民币 5 000 万　　　　　　B. 人民币 10 000 万
   C. 人民币 20 000 万　　　　　　D. 人民币 50 000 万

7. 下列权利中，不属于普通股股东权利的是（　　）。
   A. 公司管理权　　　　　　　　B. 收益分享权
   C. 优先认股权　　　　　　　　D. 优先分配剩余财产权

8. 关于留存收益，下列说法不正确的是（　　）。
   A. 留存收益是企业资金的一种重要来源
   B. 利用留存收益是企业将利润转化为股东对企业追加投资的过程
   C. 由于留存收益筹资不用发生筹资费用，所以留存收益筹资是没有成本的
   D. 在没有筹资费用的情况下，留存收益的成本计算与普通股是一样的

9. 下列既可作为贷款担保的抵押品，又可作为贷款担保的质押品的是（　　）。
   A. 机器设备　　B. 土地使用权　　C. 债券　　D. 商标专用权

10. 若企业 2009 年的经营性资产为 500 万元，经营性负债为 200 万元，销售收入为 1000 万元。经营性资产、经营性负债占销售收入的百分比不变，销售净利率为 10%，股利支付率为 40%，预计 2010 年销售收入增加 50%，则需要从外部筹集的资金是（　　）万元。
    A. 90　　　　B. 60　　　　C. 110　　　　D. 80

11. 下列有关资本成本的说法正确的是（　　）。
    A. 资本成本是指企业在筹集资金时付出的代价，包括筹资费用和占用费用
    B. 不考虑时间价值时，资本成本率＝年资金占用费/筹资总额
    C. 总体经济环境变化的影响，反映在无风险报酬率上
    D. 资本成本是资本所有权与资本使用权分离的结果，对于筹资者而言，资本

成本表现为取得资本所有权所付出的代价

12. 假定某公司变动成本率为40%，本年营业收入为1 000万元，固定性经营成本保持不变，下年经营杠杆系数为1.5，下年的营业收入为1 200万元，则该企业的固定性经营成本为（   ）万元。

  A. 200　　　　　　B. 150　　　　　　C. 240　　　　　　D. 100

13. 如果企业的全部资本中权益资本占80%，则下列关于企业相关风险的叙述正确的是（   ）。

  A. 只存在经营风险　　　　　　B. 只存在财务风险
  C. 同时存在经营风险和财务风险　　D. 财务风险和经营风险相互抵消

14. 某公司普通股目前的股价为10元/股，筹资费率为4%，股利固定增长率3%，所得税税率为25%，预计下次支付的每股股利为2元，则该企业利用留存收益的资本成本为（   ）。

  A. 23%　　　　　B. 18%　　　　　C. 24.46%　　　　D. 23.6%

15. 进行筹资方案组合时，边际资本成本计算采用的价值权数是（   ）。

  A. 账面价值权数　　　　　　B. 市场价值权数
  C. 评估价值权数　　　　　　D. 目标价值权数

二、多项选择题

1. 平均资本成本的计算，存在着权数价值的选择问题，即各项个别资本按什么权数来确定资本比重。通常，可供选择的价值形式有（   ）。

  A. 账面价值　　B. 市场价值　　C. 目标价值　　D. 历史价值

2. 股权筹资的缺点主要有（   ）。

  A. 资本成本负担较重　　　　　　B. 财务风险比较大
  C. 容易分散公司控制权　　　　　D. 信息沟通与披露成本较大

3. 下列各项占用的资金，属于不变资金的有（   ）。

  A. 原材料的保险储备　　　　　　B. 最低储备以外的存货
  C. 机器设备　　　　　　　　　　D. 辅助材料占用资金

4. 影响资本成本的因素包括（   ）。

  A. 总体经济环境　　　　　　　　B. 资本市场条件
  C. 企业经营状况和融资状况　　　D. 企业对融资规模和时限的需求

5. 相对于借款购置设备而言，融资租赁设备的主要优点有（   ）。

  A. 能够迅速获得资产　　　　　　B. 资金成本较低
  C. 到期还本负担重　　　　　　　D. 免遭设备陈旧过时的风险

6. 与股权筹资相比，债务筹资的优点有（   ）。

  A. 筹资弹性大　　　　　　　　　B. 资本成本负担较轻
  C. 可以利用财务杠杆　　　　　　D. 稳定公司的控制权

7. 以下各项关于可转换债券的说法中，正确的有（   ）。
   A. 筹得的资金具有债权性资金和权益性资金的双重性质
   B. 可节约利息支出
   C. 股价大幅度上扬时，存在减少筹资数量的风险
   D. 存在回售风险

8. 下列关于融资租赁的说法正确的有（   ）。
   A. 租赁期满后，租赁资产一般要归还给出租人
   B. 租赁期较长，接近于资产的有效使用期
   C. 租赁期间双方无权取消合同
   D. 承租企业负债设备的维修和保养

9. 可转换债券筹资的优点包括（   ）。
   A. 筹资效率高
   B. 可以节约利息支出
   C. 转换普通股时，无需另外支付筹资费用
   D. 筹资灵活

10. 下列各项中会直接影响企业平均资本成本的有（   ）。
    A. 个别资本成本
    B. 各种资本在资本总额中占的比重
    C. 筹资规模
    D. 企业的经营杠杆

11. 下列关于财务风险的说法正确的有（   ）。
    A. 财务风险是由于经理经营不善引起的
    B. 财务杠杆放大了资产报酬变化对普通股收益的影响，财务杠杆系数越高，财务风险越大
    C. 只要存在固定性资本成本，就存在财务杠杆效应
    D. 在其他因素一定的情况下，固定财务费用越高，财务杠杆系数越大

12. 假设总杠杆系数大于零，则下列各项中可以降低总杠杆系数的有（   ）。
    A. 降低固定经营成本   B. 减少固定利息
    C. 提高产销量   D. 提高单价

13. 下列说法正确的有（   ）。
    A. 评价企业资本结构最佳状态的标准是能够提高股权收益或降低资本成本
    B. 评价企业资本结构的最终目的是提高企业价值
    C. 最佳资本结构是使企业平均资本成本最低，企业价值最大的资本结构
    D. 资本结构优化的目标是降低财务风险

三、判断题

1. 从时效来看，资本金在任何时候均不得从企业收回，企业可以无限期地占用投资者的出资。（   ）
2. 一般来说，企业在初创阶段，尽量在较低程度上使用财务杠杆；而在扩张成熟时期。可以较高程度地使用财务杠杆。（   ）
3. 无记名公司债券的转让，由债券持有人将该债券交付给受让人后即发生转让的效力。（   ）
4. 吸收直接投资是企业按照"共同投资、共同经营、共担风险、共享收益"的原则，直接吸收国家、法人、个人和外商投入资金的一种筹资方式。其中，以实物资产出资是吸收直接投资中最重要的出资方式。（   ）
5. 优先股股东在股东大会上无表决权，所以优先股股东无权参与企业经营管理。（   ）
6. 相对于银行借款筹资而言，发行公司债券的筹资风险大。（   ）
7. 资本成本是评价投资项目可行性的唯一标准。（   ）
8. 经营杠杆能够扩大市场和生产等不确定性因素对利润波动的影响。（   ）
9. 从出租人的角度来看，杠杆租赁与直接租赁并无区别。（   ）
10. 当息税前利润大于零，单位边际贡献和固定性经营成本不变时，除非固定性经营成本为零或业务量无穷大，否则息税前利润的变动率一定大于产销变动率。（   ）
11. 如果某一时期国民经济不景气或者市场经济过热，通货膨胀持续居高不下，此时筹资企业的资本成本比较高。（   ）
12. 我国《公司法》规定，公司全体股东或者发起人的货币出资金额不得低于公司注册资本的30%。（   ）

四、计算题

1. 甲公司2009年末长期资本账面价值的有关资料显示为：长期借款200万元；长期债券680万元；留存收益320万元；普通股800万元（100万股），当期普通股的每股市价是10元；个别资本成本分别为4%、5%、6%、8%。

要求：
（1）按账面价值计算企业的平均资本成本；
（2）按市场价值计算企业的平均资本成本。

2. 已知：甲、乙两个企业的相关资料如下：

资料一：甲企业历史上现金占用与销售收入之间的关系如表1所示：

表1 现金与销售收入变化情况表（单位：万元）

年度	销售收入	现金占用
2003	10 200	680
2004	10 000	700
2005	10 800	690
2006	11 100	710
2007	11 500	730
2008	12 000	750

资料二：乙企业2008年12月31日资产负债表（简表）如表2所示：

表2 乙企业资产负债表（简表）2008年12月31日（单位：万元）

资产		负债和所有者权益	
		应付费用	1 500
现金	750	应付账款	750
应收账款	2 250	短期借款	2 750
存货	4 500	公司债券	2 500
固定资产净值	4 500	实收资本	3 000
		留存收益	1 500
资产合计	12 000	负债和所有者权益合计	12 000

该企业2009年的相关预测数据为：销售收入20 000万元，新增留存收益100万元；不变现金总额1 000万元，每万元销售收入占用变动现金0.05万元，其他与销售收入变化有关的资产负债表项目预测数据如表3所示：

表3 现金与销售收入变化情况表（单位：万元）

年度	年度不变资金（a）	每元销售收入所需变动资金（b）
应收账款	570	0.14
存货	1 500	0.25
固定资产净值	4 500	0
应付费用	300	0.1
应付账款	390	0.03

要求：

（1）根据资料一，运用高低点法测算甲企业的下列指标：

① 每万元销售收入占用变动现金；

② 销售收入占用不变现金总额。

（2）根据资料二为乙企业完成下列任务：
① 按步骤建立总资产需求模型；
② 测算 2009 年资金需求总量；
③ 测算 2009 年外部筹资量。

五、综合题

1. 某公司年销售额 1 000 万元，变动成本率 60%，全部固定成本和费用 120 万元，平均总资产 2 500 万元，资产负债率 40%，负债的平均利息率 8%，假设所得税率为 25%。该公司拟改变经营计划，追加投资 200 万元，每年固定成本增加 20 万元，可以使销售额增加 20%，并使变动成本率下降至 55%。该公司以提高权益净利率（净利润/平均所有者权益）同时降低总杠杆系数作为改进经营计划的标准。

要求：

（1）计算目前情况的权益净利率和总杠杆系数；

（2）所需资金以追加实收资本取得，计算权益净利率和总杠杆系数，判断应否改变经营计划；

（3）所需资金以 12%的利率借入，计算权益净利率和总杠杆系数，判断应否改变经营计划；

（4）如果应该改变经营计划，计算改变计划之后的经营杠杆系数。

第三章 投资管理

知识目标：
1. 项目投资的特点与意义
2. 投资决策及其影响因素
3. 投入类财务可行性要素的估算
4. 产出类财务可行性要素的估算
5. 财务可行性评价指标的类型
6. 项目投资决策的主要类型

技能目标：
1. 掌握静态评价指标的计算方法
2. 掌握动态评价指标的计算方法
3. 掌握项目投资决策的主要方法

第一节 投资管理概述

一、投资的概念和种类

（一）投资的概念

投资，是指特定经济主体（包括国家、企业和个人）为了在未来可预见的时期内获得收益或使资金增值，在一定时期向一定领域的标的物投放足够数额的资金或实物等货币等价物的经济行为。从特定企业角度看，投资就是企业为获取收益而向一定对象投放资金的经济行为。

（二）投资的种类

投资可分为以下类型：
1. 按照投资行为的介入程度，分为直接投资和间接投资。
2. 按照投入的领域不同，分为生产性投资和非生产性投资。
3. 按照投资的方向不同，分为对内投资和对外投资。
4. 按照投资的内容不同，分为固定资产投资、无形资产投资、流动资金投资、房地产投资、有价证券投资、期货与期权投资、信托投资和保险投资等多种形式。

本章所讨论的投资，是指属于直接投资范畴的企业内部投资——项目投资。

二、项目投资的特点与意义

所谓项目投资,是指以特定建设项目为投资对象的一种长期投资行为。

与其他形式的投资相比,项目投资具有投资内容独特(每个项目都至少涉及一项形成固定资产的投资)、投资数额大、影响时间长(至少1年或一个营业周期以上)、发生频率低、变现能力差和投资风险高的特点。

三、投资决策及其影响因素

投资决策是指特定投资主体根据其经营战略和方针,由相关管理人员作出的有关投资目标、拟投资方向或投资领域的确定和投资实施方案的选择的过程。

一般而言,项目投资决策主要考虑以下因素:

(一)需求因素

需求情况可以通过考察投资项目建成投产后预计产品的各年营业收入(即预计销售单价与预计销量的乘积)的水平来反映。如果项目的产品不适销对路,或质量不符合要求,或产能不足,都会直接影响其未来的市场销路和额价格的水平。其中,产品是否符合市场需求、质量应达到什么标准,取决于对未来市场的需求分析和工艺技术所达到水平的分析;而产能情况则直接取决于工厂布局是否合理、原材料供应是否有保证,以及对生产能力合运输能力的分析。

(二)时期和时间价值因素

1. 时期因素是由项目计算期的构成情况决定的。项目计算期是指投资项目从投资建设开始到最终清理结束整个过程的全部时间,包括建设期和运营期。其中建设期是指项目资金正式投入开始到项目建成投产为止所需要的时间,建设期第一年的年初称为建设起点,建设期最后一年的年末称为投产日。在实践中,通常应参照项目建设的合理工期或项目的建设进度计划合理确定建设期。项目计算期最后一年的年末称为终结点,假定项目最终报废或清理均发生在终结点(但更新改造除外)。从投产日到终结点之间的时间间隔称为运营期,又包括试产期和达产期(完全达到设计生产能力期)两个阶段。试产期是指项目投入生产,但生产能力尚未完全达到设计能力时的过渡阶段。达产期是指生产运营达到设计预期水平后的时间。运营期一般应根据项目主要设备的经济使用寿命期确定。

项目计算期、建设期和运营期之间的有以下关系成立,即:

$$项目计算期(n) = 建设期(s) + 运营期(p)$$

项目计算期的构成如图3-1所示。

【例3-1】 A企业[①]拟投资新建一个项目,在建设起点开始投资,历经两年后投产,试产期为1年,主要固定资产的预计使用寿命为10年。根据上述资料,估算该

[①] 如没有特别说明,本章例题中所涉及企业均为一般纳税人。

项目各项指标如下：

建设期为 2 年，运营期为 10 年。

达产期＝10－1＝9（年）

项目计算期＝2＋10＝12（年）

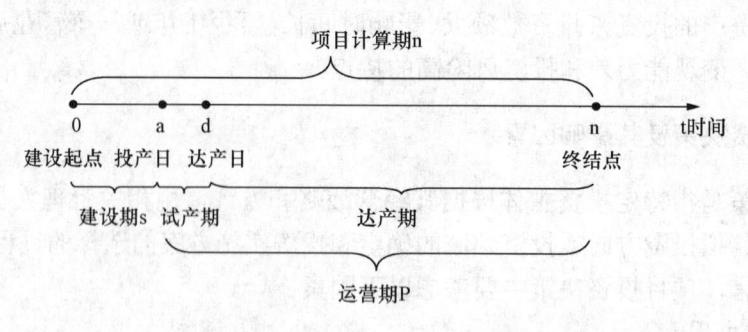

图 3-1　项目计算期示意图

2. 考虑时间价值因素的根据。

考虑时间价值因素，是指根据项目计算期不同时点上价值数据的特征，按照一定的折现率对其进行折算，从而计算出相关的动态项目评价指标。因此，科学地选择适当的折现率，对于正确开展投资决策至关重要。

（三）成本因素

成本因素包括投入和产出两个阶段的广义成本费用。

1. 投入阶段的成本。它是由建设期和运营期初期所发生的原始投资所决定的，从项目投资的角度看，原始投资（又称初始投资）等于企业为使该项目完全达到设计生产能力、开展正常经营而投入的全部现实资金，包括建设投资和流动资金投资两项内容。建设投资是指在建设期内按一定生产经营规模和建设内容进行的投资。流动资金投资是指项目投产后分次或一次投放于营运资金项目的投资增加额，又称垫支流动资金或营运资金投资。

在财务可行性评价中，原始投资与建设期资本化利息之和为项目总投资，这是一个反映项目投资总体规模的指标。

【例 3-2】 B 企业拟新建一条生产线项目，建设期为 2 年，运营期为 20 年。全部建设投资分别安排在建设起点、建设期第二年年初和建设期末分三次投入，投资额分别为 100 万元、300 万元和 68 万元；全部流动资金投资安排在投产后第一年和第二年年末分两次投入，投资额分别为 15 万元和 5 万元。根据项目筹资方案的安排，建设期资本化借款利息为 22 万元。根据上述资料，可估算该项目各项指标如下：

建设投资合计＝100＋300＋68＝468（万元）

流动资金投资合计＝15＋5＝20（万元）

原始投资＝468＋20＝488（万元）

项目总投资＝488＋22＝510（万元）

2. 产出阶段的成本。它是由运营期发生的经营成本、营业税金及附加和企业所得税三个因素所决定的。经营成本又称付现的营运成本（或简称付现成本），是指在运营期内为满足正常生产经营而动用货币资金支付的成本费用。从企业投资者的角度看，营业税金及附加和企业所得税都属于成本费用的范畴，因此，在投资决策中需要考虑这些因素。

严格地讲，各项广义成本因素中除所得税因素外，均需综合考虑项目的工艺、技术、生产和财务等条件，通过开展相关的专业分析才能予以确定。

第二节 财务可行性要素的估算

一、财务可行性要素的特征

财务可行性要素是指在项目的财务可行性评价过程中，计算一系列财务可行性评价指标所必须予以充分考虑的、与项目直接相关的、能够反映项目投入产出关系的各种主要经济因素的统称。

财务可行性要素通常应具备重要性、可计量性、时间特征、效益性、收益性、可预测性和直接相关性等特征。

财务可行性评价的重要前提，是按照一定定量分析技术估算所有的财务可行性要素，进而才能计算出有关的财务评价指标。

在估算时必须注意的是，尽管相当多的要素与财务会计的指标在名称上完全相同，但由于可行性研究存在明显的特殊性，导致这些要素与财务会计指标在计量口径和估算方法方面往往大相径庭。因此，千万不能生搬硬套财务会计的现成结论。

从项目投入产出的角度看，可将新建工业投资项目的财务可行性要素划分为投入类和产出类两种类型。

二、投入类财务可行性要素的估算

投入类财务可行性要素包括以下四项内容：
（1）在建设期发生的建设投资；（2）在运营期初期发生的流动资金投资；（3）在运营期发生的经营成本（付现成本）；（4）在运营期发生的各种税金（包括营业税金及附加和企业所得税）。

（一）建设投资的估算

建设投资是建设期发生的主要投资，可分别按形成资产法和概算法进行估算，本书只介绍第一种方法。

形成资产法需要分别按形成固定资产的费用、形成无形资产的费用和形成其他资产投资的费用和预备费四项内容进行估算，此法是估算精度较高、应用较为广泛的一种估算方法。

1. 形成固定资产费用的估算。形成固定资产的费用是项目直接用于购置或安装固定资产应当发生的投资,具体包括:建筑工程费、设备购置费、安装工程费和固定资产其他费用。任何建设项目都至少要包括一项形成固定资产费用的投资。形成固定资产费用的资金投入方式,可根据各项工程的工期安排和建造方式确定。

为简化计算,当建设期为零(即取得的固定资产不需要建设和安装)或建设期不到 1 年,且为自营建造时,可假定预先在建设起点一次投入全部相关资金;当建设期达到或超过 1 年,且为自营建造时,可假定在建设起点和以后各年年初分次投入相关资金;当建设期达到或超过 1 年,且为出包建造时,可假定在建设起点和建设期末分次投入相关资金。

(1)建筑工程费的估算。建筑工程费是指为建造永久性建筑物和构筑物所需要的费用,包括场地平整、建筑厂房、仓库、电站、设备基础、工业窑炉、桥梁、码头、堤坝、隧道、涵洞、铁路、公路、水库、水坝、灌区管线敷设、矿井开凿和露天剥离等项目工程的费用。可分别按单位建筑工程投资估算法、单位实物工程量投资估算法和概算指标投资估算法进行估算。

1)单位建筑工程投资估算法。该法的计算公式为:

建筑工程费=同类单位建筑工程投资×相应的建筑工程总量

2)单位实物工程量投资估算法。该法的计算公式为:

建筑工程费=预算单位实物工程投资×相应的实物工程量

【例3-3】 A 企业拟新建一个固定资产投资项目,土石方建筑工程总量为 10 万立方米,同类单位建筑工程投资为 20 元/立方;拟建厂房建筑物的实物工程量为 2 万立方米,预算单位造价为 1 100 元/立方米。根据上述资料,可估算该项目各项指标如下:

该项目的土石方建筑工程投资=20×10=200(万元)

该项目的厂房建筑物工程投资=1 100×2=2 200(万元)

该项目的建筑工程费=200+2 200=2 400(万元)

(2)设备购置费的估算。广义的设备购置费是指为投资项目购置或自制的达到固定资产标准的各种国产或进口设备、工具、器具和生产经营用家具等应支出的费用。狭义的设备购置费则是指为取得项目经营所必需的各种机器设备、电子设备、运输工具和其他装置应支出的费用(为简化,本书不考虑增值税因数)。

1)狭义设备购置费的估算。应按照设备的不同来源,分别估算国产设备和进口设备的购置费。

① 国产设备购置费的估算。其估算公式如下:

设备购置费用=设备购买成本×(1+运杂费率)

上式中,标准国产设备的设备购买成本是指设备的发票价或出厂价;非标准国产设备的设备购买成本是指生产厂家为生产该设备而发生的各项费用合计,包括:非标准设备设计费、材料费、加工费、辅助材料费、专用工具费、废品损失费、外购配套件费、包装费、利润、应缴纳的消费税等。运杂费率是指除购买成本之外的设备采购、运输、途中包装、保险及仓库保管等费用合计占设备购买成本的百分比。

② 进口设备购置费的估算。进口设备购置费包括以人民币标价用外汇支付的进口设备货价、以人民币支付的进口从属费和相关的国内运杂费,其公式如下:

设备购置费用＝以人民币标价的进口设备到岸价＋进口从属费＋国内运杂费

ⅰ. 在估算以人民币标价的进口设备到岸价时,需要考虑按到岸价（CIF）结算和按离岸价（FOB）结算的两种不同的结算方式。

按到岸价结算时,其估算公式为:

以人民币标价的进口设备到岸价＝以外币标价的进口设备到岸价×人民币外汇牌价

按离岸价结算时,相关的估算公式为:

以人民币标价的进口设备到岸价＝（以外币标价的进口设备离岸价＋国际运费＋国际运输保险费）×人民币外汇牌价

其中:

国际运费（外币）＝离岸价（外币）×国际运费率

或　　　　　　＝单位运价（外币）×运输量

国际运输保险费（外币）＝（以外币标价的进口设备离岸价＋国际运费）×国际运输保险费率

ⅱ. 在进口设备不涉及消费税的情况下,进口从属费的计算公式为:

进口从属费＝进口关税＋外贸手续费＋结汇银行财务费

其中:

进口关税＝以人民币标价的进口设备到岸价×进口关税税率

外贸手续费＝以人民币标价的进口设备到岸价×外贸手续费率

结汇银行财务费＝以外汇支付的进口设备货价×人民币外汇牌价×结汇银行财务费率

ⅲ. 进口设备相关的国内运杂费可按具体运输方式,根据运输单价和运量估算,亦可按下式计算:

国内运杂费＝（以人民币标价的进口设备到岸价＋进口关税）×运杂费率

【例3-4】 A企业新建项目所需要的国内标准设备的不含增值税出厂价为1 000万元,增值税率为17%,国内运杂费率为1%;进口设备的离岸价为100万美元,国际运费率为7.5%,国际运输保险费率为4%,关税税率为15%,增值税率为17%,国内运杂费率为1%,外汇牌价为1美元＝8元人民币。根据上述资料,可估算该项目各项指标如下:

国内标准设备购置费＝1 000×（1＋1%）＝1 010（万元）

进口设备的国际运费＝100×7.5%＝7.5（万美元）

进口设备的国际运输保险费＝（100＋7.5）×4%＝4.3（万美元）

以人民币标价的进口设备到岸价＝（100＋7.5＋4.3）×8＝894.4（万元）

进口关税＝894.4×15%＝134.16（万元）

进口设备国内运杂费＝（894.4+134.15）×1%＝10.2856（万元）

进口设备购置费＝894.4+134.16+10.29＝1 038.85（万元）

该项目的狭义设备购置费＝1 010+1 038.85＝2 048.85（万元）

2）工具、器具和生产经营用家具购置费的估算。工具、器具和生产经营用家具购置费，是指为确保项目投产初期的生产经营而第一批购置的，没达到固定资产标准的工具、卡具、模具和家具应发生的费用。为简化计算，可在狭义的设备购置费的基础上，按照部门或行业规定的购置费率进行估算。公式为：

工具、器具和生产经营用家具购置费＝狭义设备购置费×标准的工具、器具和生产经营用家具购置费率

【例3-5】仍按例3-4的计算结果，A企业新建项目所在行业的标准工具、器具和生产经营用家具购置费率为狭义设备购置费的10%。根据上述资料，可估算该项目各项指标如下：

工具、器具和生产经营用家具购置费＝2 048.85×10%＝204.885≈204.89（万元）

该项目的广义设备购置费＝2 048.85+240.89＝2 253.74（万元）

（3）安装工程费的估算。需要吊装的设备，往往按需要安装设备的重量和单价进行估算；其他需要安装的设备通常按设备购置费的一定百分比进行估算。需要注意的是，按后者估算时，要注意核实购置设备合同中是否包括了安装所需材料，是全部还是只包括了一部分（如从国外进口的石油化工设备中，一般都包括了部分安装材料）。如果设备购置费中包括了安装材料，则安装费率就比较低，否则就比较高。相关的估算公式如下：

安装工程费＝每吨安装费×设备吨位

安装工程费＝安装费率×设备原价

安装工程费＝单位实物工程安装费标准×安装实物工程量

【例3-6】仍按例3-4的计算结果，A企业新建项目的进口设备的安装费按其吊装吨位计算，每吨安装费为1万元/吨，该设备为50吨；国内标准设备的安装费率为设备原价的2%。根据上述资料，可估算该项目各项指标如下：

进口设备的安装工程费＝1×50＝50（万元）

国内标准设备的安装工程费＝1 010×2%＝20.20（万元）

该项目的安装工程费＝50+20.20＝70.20（万元）

（4）固定资产其他费用的估算。固定资产其他费用包括建设单位管理费、可行性研究费、研究试验费、勘察设计费、环境影响评价费、场地准备及临时设施费、引进技术和引进设备其他费、工程保险费、工程建设监理费、联合试运转费、特殊设备安全监督检验费和市政公用设施建设及绿化费等。估算时，可按经验数据、取费标准或项目的工程费用（即：建筑工程费、广义设备购置费和安装工程费三项工程费用的合计）的一定百分比测算。

【例 3-7】 仍按例 3-3、例 3-5 和例 3-6 的计算结果，A 企业新建项目的固定资产其他费用可按工程费用的 20%估算。根据上述资料，可估算该项目各项指标如下：

该项目的工程费用＝2 400＋2 253.74＋70.20＝4 723.94（万元）

固定资产其他费用＝4 723.94×20%＝944.788≈944.79（万元）

在项目可行性研究中，形成固定资产的费用与固定资产原值的关系如下式所示：

固定资产原值＝形成固定资产的费用＋建设期资本化利息＋预备费

其中：形成固定资产的费用＝建筑工程费＋设备购置费＋安装工程费＋其他费

【例 3-8】 仍按例 3-3、例 3-5、例 3-6 和例 3-7 的资料，A 企业新建项目的建设期资本化利息为 100 万元，预备费为 400 万元。根据上述资料，可估算该项目有关指标如下：

该项目形成固定资产的费用＝2 400＋2 253.74＋70.20＋944.79＝5 668.73（万元）

该项目的固定资产原值＝5 668.73＋100＋400＝6 168.73（万元）

显然，在不考虑具体的筹资方案（即不考虑投资的资金来源）和预备费的情况下，可假定固定资产原值与形成固定资产的费用相等。

2. 形成无形资产费用的估算。形成无形资产的费用是指项目直接用于取得专利权、商标权、非专利技术、土地使用权和特许权等无形资产而应当发生的投资。虽然商誉和著作权也属于无形资产的范畴，但新建项目通常不涉及这些内容，故在进行可行性研究时对其不予考虑。形成无形资产费用的资金投入方式，通常假定在建设期取得时一次投入。

（1）专利权和商标权的估算。在可行性研究中，应先确认项目是否通过外购或接受投资方式取得上述产权的合法所有权。如果只是短期取得某项专利权或商标的使用权，就不能将其作为无形资产进行评估；若可通过外购方式取得上述产权，则可按预计的取得成本估算；若属于投资转入，则可按约定作价或评价价进行估算。新建项目通常很少发生自创专利权和商标权的情况，若确有发生，可按成本法或市价法进行估算。

（2）非专利技术的估算。可根据非专利技术的取得方式分别对待：若从外部一次性购入，可按取得成本估算；若作为投资转入，可按市价法或收益法进行估算。

（3）土地使用权的估算。可按土地使用权的不同取得方式估算。如通过有偿转让方式取得土地使用权，则应按照预计发生的取得成本——土地使用权出让金估算；若属于投资方投资转入的土地使用权，可按投资合同或协议约定的价值，也可按其公允价值估算。

按我国《企业会计准则》规定，用于企业自行开发建造厂房建筑物的土地使用权，不得列作固定资产价值。

（4）特许权的估算。在项目可行性研究中，对项目有偿取得的永久或长期使用的特许权，按取得成本进行估算。

3. 形成其他资产费用的估算。形成其他资产的费用是指建设投资中除形成固定资产和无形资产的费用以外的部分,包括生产准备费和开办费两项内容。生产准备费的资金投入方式,可假定在建设期末一次投入。开办费的资金投入方式,可假定在建设期内分次投入。

(1)生产准备费的估算。生产准备费是指新建项目或新增生产能力的企业为确保投产期初期进行必要生产准备而应发生的费用,包括职工培训费、提前进厂熟悉工艺及设备性能人员的相关费用。生产准备费可按需要培训和预计培训费标准,以及需要提前进厂的职工人数和相关费用标准进行估算;也可按工程费用和生产准备费率估算。

(2)开办费的估算。开办费是指在企业筹建期发生的、不能计入固定资产和无形资产,也不属于生产准备费的各项费用。可按工程费用和开办费率估算。

4. 预备费的估算。预备费又称不可预见费,是指在可行性研究中难以预料的投资支出,包括基本预备费和涨价预备费。预备费的资金投入方式,可假定在建设期末一次投入。

(1)基本预备费的估算。基本预备费是指由于建设期发生一般自然灾害而带来的工程损失或为防范自然灾害而采取措施而追加的投资,又称工程建设不可预见费。可按以下公式进行估算:

基本预备费=(形成固定资产的费用+形成无形资产的费用+形成其他资产的费用)×基本预别费率

(2)涨价预备费的估算。涨价预备费是指为应付建设期内可能发生的通货膨胀而预留的投资,又称价格上涨不可预见费。涨价预备费通常要根据工程费用和建设期预计通货膨胀率来估算。

【例3-9】B企业拟建的生产线项目,需要在建设期内投入形成固定资产的费用400万元;支付20万元购买一项专利权,支付5万元购买一项非专利技术;投入开办费3万元,预备费40万元,假定不考虑筹资方案的建设期资本化利息。根据上述资料,可估算出该项目的以下指标:

该项目形成无形资产的费用=20+5=25(万元)

该项目形成其他资产的费用为3万元

该项目的建设投资=400+25+3+40=468(万元)

该项目的固定资产原值=400+0+40=440(万元)

(二)流动资金投资的估算

流动资金投资客分别按分项详细估算法和扩大指标估算法进行估算,本书只介绍第一种方法。

分项详细估算法,是指根据投资项目在运营期内主要流动资产和流动负债要素的最低周转天数和预计周转额分别估算每一流动项目的占用额,进而确定各年流动资金投资的一种方法。流动资金投资属于垫付周转金,其资金投入方式也包括一次投入和分次投入两种形式。如果是一次投入,则假定发生在投产第一年末;如果是分次投入,则假定发生在投产后连续的若干年。①

1. 分项详细估算法的基本公式

某年流动资金投资额(垫支额)＝本年流动资金需用额－截至上年的流动资金投资额
或　　　　　　　　　　　＝本年流动资金需用额－上年流动资金需用额

本年流动资金需用额＝该年流动资产需用额－该年流动负债需用额

【例3-10】 B企业拟建的生产线项目,预计投产第一年的流动资产需用额为30万元,流动负债需用额15万元;预计投产第二年流动资产需用额为40万元,流动负债需用额为20万元。根据上述资料,可估算该项目各项指标如下:

投产第一年的流动资金需用额＝30－15＝15(万元)

第一次流动资金投资额＝15－0＝15(万元)

投产第二年的流动资金需用额＝40－20＝20(万元)

第二次流动资金投资额＝20－15＝5(万元)

流动资金投资合计＝15＋5＝20(万元)

2. 周转天数、周转次数、周转额与资金需用额的概念及其关系。

某一流动项目的周转天数是指该项目的资金从其原始形态开始,依次经过各个循环阶段回到出发点,完成一次循环所需要的天数。最低周转天数则是在所有生产经营条件最为有利的情况下,完成一次周转所需要的天数。在确定各个流动项目的最低周转天数时,应综合考虑储存天数、在途天数,并考虑适当的保险系数。

某一流动项目的周转次数,是指该项目在1年内(为简化计算,假定1年按360天计)完成单一循环的次数,周转次数与周转天数的关系可以下式表示:

$$周转次数＝\frac{360}{周转天数}$$

$$1年内最多周转次数＝\frac{360}{最低周转天数}$$

某一流动项目的周转额,是指该项目所占用资金在1年内由于不断周转而形成的累计发生额。某一流动项目的需用额,是指该项目在任何一个时点上都至少要以其原始形态存在的价值量,它相当于该流动项目原始的投资额。资金需用额与周转额的关系如下式所示:

$$某一流动项目的资金需用额＝\frac{该项目的周转额}{该项目的最多周转次数}$$

3. 流动资产项目的估算。

为简化计算,在进行财务可行性评价时有下式成立:

某年流动资产需用额＝该年存货需用额＋该年应收账款需用额＋该年预付账款需用额＋该年现金需用额

----
① 为简化计算,我国有关建设项目评估制度假定流动资金投资可从投产第一年开始安排。

(1) 存货需用额的估算。存货需用额的估算公式如下：

存货需用额＝外购原材料需用额＋外购燃料动力需用额＋其他材料需用额
　　　　　＋在产品需用额＋产成品需用额

上式中的各项的计算公式为：

$$外购原材料需用额＝\frac{年外购原材料费用}{外购原材料的最多周转次数}$$

$$外购燃料动力需用额＝\frac{年外购燃料动力费用}{外购燃料动力的最多周转次数}$$

$$其他材料需用额＝\frac{年外购其他材料费用}{其他材料的最多周转次数}$$

$$在产品需用额＝\frac{年外购原材料费用＋年外购燃料动力费用＋年职工薪酬＋年修理费＋提其他制造费用}{在产品的最多周转次数}$$

$$产成品需用额＝\frac{年经营成本-年销售费用}{产成品的最多周转次数}$$

上式中，其他制造费用是指从制造费用中扣除了所含原材料、外购燃料动力、职工薪酬、折旧费和修理费用后的剩余部分；经营成本的估算方法将在后面介绍。

(2) 应收账款需用额的估算。应收账款需用额的估算公式为：

$$应收账款需用额＝\frac{年经营成本}{应酬收账款的最多周转次数}$$

(3) 预付账款需用额的估算。预付账款需用额的估算公式为：

$$预付账款需用额＝\frac{外购商品或服务年费用金额}{预付账款的最多周转次数}$$

(4) 现金需用额的估算。现金需用额的估算公式为：

$$现金需用额＝\frac{年职工薪酬＋年其他费用}{现金的最多周转次数}$$

上式中，其他费用是指从制造费用、管理费用和销售费用中扣除了所含的折旧费、无形资产和其他资产的摊销额、材料费、修理费、职工薪酬以后的剩余部分，其计算公式如下：

其他费用＝制造费用＋管理费用＋销售费用
　　　　－以上三项费用中所含的职工薪酬、折旧费、摊销费和修理费

4. 流动负债项目的估算。

为简化计算，在进行财务可行性评价时假定有下式成立：

流动负债需用额＝应付账款需用额＋预售账款需用额

(1) 应付账款需用额的估算。应付账款需用额的估算公式为：

$$应付账款需用额=\frac{外购原材料\ 燃料动力及其他材料年费用}{应付账款的最多周转次数}$$

（2）预收账款需用额的估算。预收账款需用额的估算公式为：

$$预收账款需用额=\frac{预收的营业收入年金额}{预收账款的最多周转次数}$$

（三）经营成本的估算

不论什么类型的投资项目，在运营期都要发生经营成本，它的估算与具体的筹资方案无关。经营成本本来属于时期指标，为简化计算，可假定其发生在运营期各年的年末。

经营成本有加法和减法两种估算公式：

某年经营成本＝该年外购原材料燃料和动力费＋该年职工薪酬＋该年修理费＋该年其他费用

某年经营成本＝该年不包括财务费用的总成本费用－该年折旧费－该年无形资产和其他资产的摊销额

上式中，折旧额和摊销额可根据本项目的固定资产原值、无形资产和其他资产数据，以及这些项目的折旧年限和摊销年限进行测算；不包括财务费用的总成本费用可按照运营期内一个标准年份的正常产销量和预计成本消耗水平进行测算，其计算公式为：

某年不包括财务费用的总成本费用＝该年固定成本（含费用）＋单位变动成本（含费用）×该年预计产销量

上述成本中既不包括固定性的财务费用，也不包括变动性的财务费用。

【例3-11】 B企业拟建的生产线项目，预计投产后第1年外购原材料、燃料和动力费为48万元，职工薪酬为23.14万元，其他费用为4万元，年折旧费为20万元，无形资产摊销费为5万元，开办费摊销费为3万元；第2～第5年每年外购原材料、燃料和动力费为60万元，职工薪酬为30万元，其他费用为10万元，每年折旧费为20万元，无形资产摊销费为5万元；第6～第20年每年不包括财务费用的总成本费用为160万元，其中，每年外购原材料、燃料和动力费为90万元，每年折旧费为20万元，无形资产摊销费为0万元。

根据上述资料，估算该项目投产后各年经营成本和不包括财务费用的总成本费用指标如下：

（1）投产后第1年的经营成本＝48＋23.14＋4＝75.14（万元）

投产后第2～第5年每年的经营成本＝60＋30＋10＝100（万元）

投产后第6～第20年每年的经营成本＝160－20－0＝140（万元）[①]

[①] 本例中，为了完整反映所用公式的内容，对没有发生额的内容用零来表示，在实际计算时可以省略，下同。

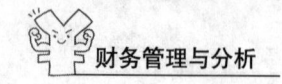

（2）投产后第 1 年不包括财务费用的总成本费用＝75.14＋（20＋5＋3）＝103.14（万元）

投产后第 2～第 5 年每年不包括财务费用的总成本费用＝100＋（20＋5＋0）＝125（万元）

（四）运营期相关税金的估算

在进行财务可行性评价中，需要估算的运营期相关税金包括营业税金及附加和调整所得税两项因素。为简化计算，假定它们都发生在运营期各年的年末。

1. 营业税金及附加的估算。

营业税金及附加的估算，需要通盘考虑项目投产后在运营期内应交纳的营业税、消费税、土地增值税、资源税、城市维护建设税和教育费附加等因素；尽管应交增值税不属于营业税金的范畴，但在估算城市维护建设税和教育费附加时，还要考虑应交增值税因素。

在不考虑土地增值税和资源税的情况下，营业税金及附加的估算公式如下：

营业税金及附加＝应交营业税＋应交消费税＋城市维护建设税＋教育费附加

其中：

城市维护建设税＝（应交营业税＋应交消费税＋应交增值税）×城市维护建设税税率

教育费附加＝（应交营业税＋应交消费税＋应交增值税）×教育费附加率

为简化计算，也可以合并计算城市维护建设税和教育费附加。

【例3-12】 仍按例 3-11 资料，企业拟建的生产线项目，预计投产后第 1 年营业收入为 180 万元，第 2～第 5 年每年营业收入为 200 万元，第 6～第 20 年每年营业收入为 300 万元；适用的增值税税率为 17%，城建税税率为 7%，教育费附加率为 3%。该企业不缴纳营业税和消费税。根据上述资料，可估算出该项目各项指标如下：

投产后第 1 年的应交增值税＝（营业收入－外购原材料燃料和动力费）×增值税税率
＝（180－48）×17%＝22.44（万元）

投产后第 2～第 5 年每年的应交增值税＝（200－60）×17%＝23.82（万元）

投产后第 6～第 20 年每年的应交增值税＝（300－90）×17%＝35.7（万元）

投产后第 1 年的营业税金及附加＝22.44×（7%＋3%）＝2.244≈2.24（万元）

投产后第 2～第 5 年每年的营业税金及附加＝23.82×（7%＋3%）＝2.382≈2.38（万元）

投产后第 6～第 20 年每年的营业税金及附加＝35.7×（7%＋3%）＝3.57（万元）

2. 调整所得税的估算。

调整所得税是项目可行性研究中的一个专用术语，它是为简化计算而设计的虚拟企业所得税额，其计算公式为：

调整所得税＝息税前利润×适用的企业所得税税率

上式中，息税前利润的公式为：

息税前利润＝营业收入－不包括财务费用的总成本费用－营业税金及附加

【例 3-13】 仍按例 3-11 和例 3-12 资料，B 企业适用的所得税税率为 25%，不享受任何减免税待遇。根据上述资料，估算出该项目的各项指标如下：

投产后第 1 年的息税前利润＝180－103.14－2.24＝74.62（万元）

投产后第 2～第 5 年每年的息税前利润＝200－125－2.38＝72.62（万元）

投产后第 6～第 20 年每年的息税前利润＝300－160－3.57＝136.43（万元）

投产后第 1 年的调整所得税＝74.62×25%＝18.655≈18.66（万元）

投产后第 2～第 5 年每年的调整所得税＝72.62×25%＝18.155≈18.16（万元）

投产后第 6～第 20 年每年的调整所得税＝136.43×25%＝34.108≈34.11（万元）

3. 关于增值税的说明。

增值税属于价外税，不属于投入类财务可行性要素，也不需要单独估算。但在估算城市维护建设税和教育费附加时，要考虑应交增值税指标。

三、产出类财务可行性要素的估算

产出类财务可行性要素包括以下四项内容：

（1）在运营期发生的营业收入；（2）在运营期发生的补贴收入；（3）通常在项目计算期末回收的固定资产余值；（4）通常在项目计算期末回收的流动资金。

（一）营业收入的估算

营业收入应按项目在运营期内有关产品的各年预计单价（不含增值税）和额预测销售量（假定运营期每期均可以自动实现产销平衡）进行估算。营业收入也属于时期指标，为简化计算，假定营业收入发生于运营期各年的年末。在项目只生产经营一种产品的条件下，营业收入的估算公式为：

年营业收入＝该年产品不含税单价×该年产品的产销量

【例 3-14】 B 企业拟建的生产线项目只生产一种产品，假定该产品的销售单价式中保持为 1 000 元/件的水平，预计投产后各年的产销量数据如下：第 1 年为 1 800 件。第 2～第 5 年每年为 2 000 件，第 6～第 20 年每年为 3 000 件。根据上述资料，估算该项目各项指标如下：

投产后第 1 年营业收入＝1 000×1 800＝180（万元）

投产后第 2～第 5 年每年营业收入＝1 000×2 000＝200（万元）

投产后第 6～第 20 年每年营业收入＝1 000×3 000＝300（万元）

（二）补贴收入的估算

不同收入是与运营期收益有关的政府补贴，可根据按政策退还的增值税、按销量或工作量分期计算的定额补贴和财政补贴等予以估算。

（三）固定资产余值的估算

在进行财务可行性评价时，假定主要固定资产的折旧年限等于运营期，则终结

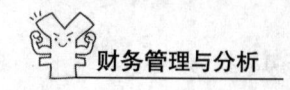

点回收的固定资产余值等于该主要固定资产的原值与其法定净残值率的乘积，或按事先确定的净残值确定；在运营期内，因更新改造而提前回收的固定资产净损失等于其折余价值与预计可变现净收入之差。

（四）回收流动资金的估算

当项目处于终结点时，所有垫付的流动资金都将退出周转，因此，在假定运营期内不存在因加速周转而提前回收流动资金的前提下，终结点一次回收的流动资金必然等于各年垫支的流动资金投资额的合计数。

在进行财务可行性评价时，将在终结点回收的固定资产余值和流动资金统称为回收额。

【例 3-15】 仍按例 3-9 和例 3-10 计算结果，假定 B 企业拟建生产线项目的固定资产原值在终结点的预计净残值为 40 万元，全部流动资金在终结点一次回收。根据上述资料，估算该项目各项指标如下：

回收的固定资产余值为 40 万元，回收的流动资金为 20 万元

回收额＝40＋20＝60（万元）

第三节 投资项目财务可行性评价指标的测算

本节在介绍财务可行性评价指标定义的基础上，分别讨论计算这些指标必须考虑的因素、项目现金流量的测算和确定相关折算率的方法，重点研究主要财务可行性评价指标的计算方法，并介绍根据这些指标进行财务可行性评价的技巧。

一、财务可行性评价指标的类型

1. 财务可行性评价指标。

财务可行性评价指标很多，本书主要介绍静态投资回收期、总投资收益率、净现值、净现值率和内部收益率五个指标。

2. 评价指标的分类。

（1）按照是否考虑资金时间价值分类，可分为静态评价指标和动态评价指标。前者是指在计算过程中不考虑资金时间价值因素的指标，简称为静态指标，包括：总投资收益率和静态投资回收期；后者是指在计算过程中充分考虑和利用资金时间价值因素的指标。

（2）按指标性质不同，可分为在一定范围内越大越好的正指标和越小越好的反指标两大类。上述指标中只有静态投资回收期属于反指标。

（3）按指标在决策中的重要性分类，可分为主要指标、次要指标和辅助指标。净现值、内部收益率等为主要指标；静态投资回收期为次要指标；总投资收益率为辅助指标。

二、投资项目净现金流量的测算

投资项目的净现金流量（又称现金净流量，记作 NCF_t）是指在项目计算期内由建设项目每年现金流入量（记作 CI_t）与每年现金流出量（记作 CO_t）之间的差额所形成的序列指标。其理论计算公式为：

某年净现金流量＝该年现金流入量－该年现金流出量
$$= CI_t - CO_t(t=0, 1, 2, \cdots, n)$$

上式中，现金流入量（又称现金流入）是指在其他条件不变时能使现金存量增加的变动量，现金流出量（又称现金流出）是指在其他条件不变时能够使现金存量减少的变动量。

建设项目现金流入量包括的主要内容有：营业收入、补贴收入、回收固定资产余值和回收流动资金等产出类财务可行性要素。

建设项目现金流出量包括的主要内容有：建设投资、流动资金投资、经营成本、维持运营投资、营业税金及附加和企业所得税等投入类财务可行性要素。

显然，净现金流量具有以下两个特征：第一，无论是在运营期内还是在建设期内都存在净现金流量的范畴；第二，由于项目计算期不同阶段上的现金流入量和现金流出量发生的可能性不同，使得各阶段上的净现金流量在数值上表现出不同的特点，如建设期内的净现金流量一般小于或等于零；在运营期内的净现金流量则多为正值。

（一）确定建设项目净现金流量的方法

确定一般建设项目的净现金流量，可分别采用列表法和简化法两种方法。列表法是指通过编制现金流量表来确定项目净现金流量的方法，又称一般方法，这是无论在什么情况下都可以采用的方法；简化法是指在特定条件下直接利用公式来确定项目净现金流量的方法，又称特殊方法或公式法，本章主要介绍简化法。

1. 简化法。

除更新改造项目外，新建投资项目的建设期净现金流量可直接按以下简化公式计算：

建设期某年净现金流量（NCF_t）＝－该年原始投资额＝$-I_t(t=0, 1, \cdots, s, s \geq 0)$

上式中，I_t 为第 t 年原始投资额；s 为建设期年数。

由上式可见，当建设期 s 不为零时，建设期净现金流量的数量特征取决于其投资方式是分次投入还是一次投入。

投资项目的运营期所得税前净现金流量可按以下简化公式计算：

运营期某年所得税前净现金流量＝该年息税前利润＋该年折旧＋该年摊销＋
该年回收额－该年维持运营投资－该年流动资金投资
$$= EBIT_t + D_t + M_t + R_t - Q_t - C_t(t=s+1, s+2, \cdots, n)$$

上式中，$EBIT_t$ 为第 t 年的息税前利润；D_t 为第 t 年的折旧费；M_t 为第 t 年的摊

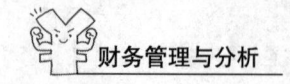

销费；R_t为第t年的回收额；Q_t为第t年维持运营投资；C_t为第t年流动资金投资。

【例3-16】 B企业拟建生产线项目的建设投资估算额及投入时间如例3-2所示，流动资金投资的估算额及投入时间如例3-10所示，各年折旧额和摊销额如例3-11所示，各年息税前利润如例3-13所示，回收额的估算额如例3-15所示。根据上述资料，按简化法估算的该项目投资各年所得税前净现金流量如下：

建设期的所得税前净现金流量

NCF_0=−100万元；NCF_1=−300万元；NCF_2=−(68+15)=−83（万元）

运营期的所得税前净现金流量

NCF_3=74.62+20+（5+3）+0−0−5=97.62（万元）

$NCF_{4\sim7}$=72.62+20+（5+0）+0−0−0=97.62（万元）

$NCF_{9\sim21}$=136.43+20+（0+0）+0−0−0=156.43（万元）

NCF_{22}=136.43+20+（0+0）+60−0−0=216.43（万元）

通过比较可以发现，简化法与列表法的计算结果完全相同。

对新建项目而言，所得税因素不会影响建设期的净现金流量，只会影响运营期的净现金流量。运营期的所得税后净现金流量（NCF_t'）可按以下简化公式计算：

运营期某年所得税后净现金流量＝该年所得税前净现金流量−（该年息税前利润−利息）×所得税税率＝NCF_t−$(EBIT_t-1)\cdot T$

上式中，NCF_t为第t年的所得税前净现金流量，T适用的企业所得税税率。

【例3-17】 B企业各年所得税前净现金流量如例3-16所示，各年息税前利润如例3-13所示，适用的企业所得税税率如例3-13所示。根据上述资料，并假定本例中财务费用（利息）为0，按简化法估算该项目运营期各年所得税后净现金流量如下：

NCF_3'=97.62−74.62×25%≈78.96（万元）

$NCF_{4\sim7}'$=97.62−72.62×25%≈79.46（万元）

$NCF_{9\sim21}'$=156.43−136.43×25%≈122.32（万元）

NCF_{22}'=216.43−136.43×25%≈182.32（万元）

（二）单纯固定资产投资项目净现金流量的确定方法

如果某投资项目的原始投资中，只涉及形成固定资产的费用，而不涉及形成无形资产的费用、形成其他资产的费用或流动资产投资，甚至连预备费也可以不予考虑，则该项目就属于单纯固定资产投资项目。

从这类项目所得税前现金流量的内容看，仅涉及建设期增加的固定资产投资和终结点发生的固定资产余值，在运营期发生的因使用该固定资产而增加的营业收入、增加（或节约）的经营成本、增加的营业税金及附加。这些因素集中会表现为运营期息税前利润的变动和折旧的变动。因此，估算该类项目的净现金流量可直接应用以下公式：

建设期净现金流量：
建设期某年的净现金流量＝－该年发生的固定资产投资额

运营期净现金流量：

运营期某年所得税前净现金流量＝该年因使用该固定资产新增的息税前利润＋该年因使用该固定资产新增的折旧＋该年回收的固定资产净残值

运营期某年所得税后净现金流量＝运营期某年所得税前净现金流量－（该年因使用该固定资产新增的息税前利润－利息）×所得税税率

【例3-18】 企业拟购建一项固定资产，需在建设起点一次投入全部资金1 100万元均为自有资金，建设期为一年。固定资产的预计使用寿命10年，期末有100万元净残值，按直线法折旧。预计投产后每年可使企业新增100万元息税前利润。适用的企业所得税税率为25%。根据上述资料，估算该项目各项指标如下：

项目计算期＝1＋10＝11（年）

固定资产原值为1 100万元

投产后第1～10每年的折旧额 $= \dfrac{1100-100}{10} = 100$（万元）

建设期净现金流量：

$NCF_0 = -1\,100$ 万元

$NCF_1 = 0$ 万元

运营期所得税前净现金流量：

$NCF_{2\sim10} = 100 + 100 + 0 = 200$（万元）

$NCF_{11} = 100 + 1000 + 100 = 300$（万元）

运营期所得税后净现金流量：

$NCF_{2\sim10}' = 200 - 100 \times 25\% = 175$（万元）

$NCF_{22}' = 300 - 100 \times 25\% = 275$（万元）

三、静态评价指标的计算方法及特征

（一）静态投资回收期

静态投资回收期（简称回收期），是指以投资项目经营净现金流量抵偿原始总投资所需要的全部时间。它有"包括建设期的投资回收期（记作PP）"和"不包括建设期的投资回收期（记作PP'）"两种形式。

确定静态投资回收期指标可分别采取公式法和列表法。

1. 公式法。

公式法又称为简化方法。如果某一项目运营期内前若干年（假定为s+1～s+m年，共m年）每年净现金流量相等，且其合计大于或等于建设期发生的原始投资合计，可按以下简化公式直接求出投资回收期：

不包括建设期的回收期(PP′) = $\dfrac{建设期发生的原始投资合计}{运营期内前若干年每年相等的净现金流量}$

$$= \dfrac{\sum_{t=0}^{n} I_t}{\text{NCF}_{(s+1)\sim(s+m)}}$$

包括建设期的回收期（PP）＝不包括建设期的回收期＋建设期＝PP′＋s

上式中，I_t 为建设期第 t 年发生的原始投资。

如果全部流动资金投资均不发生在建设期内，则上式分子应调整为建设投资合计。

【例 3-19】 某投资项目的所得税前净现金流量如下：NCF_0 为-100 万元，NCF_1 为 0 万元，

$NCF_{2\sim10}$ 为 200 万元，NCF_{11} 为 300 万元。

根据上述资料，计算静态回收期如下：

建设期 s＝1 年，投产后 2～10 年净现金流量相等，m＝9 年

运营期前 9 年每年净现金流量 $NCF_{2\sim10}$＝200 万元

建设发生的原始投资合计 $\sum_{t=0}^{n} I_t = 1\,000$ 万元

因为，m×运营期前 m 年每年相等的净现金流量＝9×200＝1 800 ＞原始投资额＝1 000（万元）

所以，可以使用简化公式计算静态回收期

不包括建设期的投资回收期（所得税前）PP′＝$\dfrac{1000}{200}$＝5（年）

包括建设期的投资回收期（所得税前）PP＝PP′＋s＝5＋1＝6（年）

读者可以根据所列示的 B 企业所得税前净现金流量资料，判断能否直接利用公式法计算该项目所得税前的投资回报期。

公式法所要求的应用条件比较特殊，包括：项目运营期内前若干年内每年的净现金流量必须相等，这些年内的净现金流量之和应大于或等于建设期发生的原始投资合计。如果不能满足上述条件，就无法采用这种方法，必须采用列表法。

静态投资回收期的优点是能够直观地反映原始投资的返本期限，便于理解，计算也不难，可以直接利用回收期之前的净现金流量信息。缺点是没有考虑资金时间价值因素和回收期满后继续发生的净现金流量，不能正确反映投资方式不同对项目的影响。

只有静态投资回收期指标小于或等于基准投资回收期的投资项目才具有财务可行性。

（二）总投资收益率

总投资收益率，又称投资报酬率（记作 ROI），是指达产期正常年份的年息税前

利润或运营期年均息税前利润占项目总投资的百分比。

总投资收益率的计算公式为

$$总投资收益率（ROI）=\frac{年息税前利润或年均息税前利润}{项目总投资}\times100\%$$

总投资收益率的优点是计算公式简单；缺点是没有考虑资金时间价值因素，不能正确反映建设期长短及投资方式同和回收额的有无等条件对项目的影响，分子、分母的计算口径的可比性差，无法直接利用净现金流量信息。

只有总投资收益率指标大于或等于基准总投资收益率指标的投资项目才具有财务可行性。

四、动态评价指标的计算及特征

（一）折现率的确定

在财务可行性评价中，折现率（记作 i_c）是指计算动态评价指标所依据的一个重要参数，财务可行性评价中的折现率可以按以下方法确定：

第一，以国家或行业主管部门定期发布的行业基准资金收益率作为折现率，适用于投资项目的财务可行性研究和建设项目评估中的净现值和净现值率指标的计算；第二，完全人为主观确定折现率，适用于按逐次测试法计算内部收益率指标。本章中所使用的折现率，按第一种方法或第二种方法确定。

（二）净现值

净现值（记作 NPV），是指在项目计算期内，按设定折现率或基准收益率计算的各年净现金流量现值的代数和。其理论计算公式为：

$$净现值（NPV）=\sum_{t=0}^{n}(第t年的净现金流量\times第t年的复利现值系数)$$

计算净现值指标可以通过一般方法、特殊方法和插入函数法三种方法来完成。

1. 净现值指标计算的一般方法

具体包括公式法和列表法两种形式。

（1）公式法。本法是指根据净现值的定义，直接利用理论计算公式来完成该指标计算的方法。

（2）列表法。本法是指通过在现金流量表计算净现值指标的方法。即在现金流量表上，根据已知的各年净现金流量，分别乘以各年的复利现值系数，从而计算出各年折现的净现金流量，最后求出项目计算期内折现的净现金流量的代数和，就是所求的净现值指标。

【例3-20】某投资项目的所得税前净现金流量如下：NCF_0 为 -100 万元，NCF_1 为 0 万元，$NCF_{2\sim10}$ 为 200 万元，NCF_{11} 为 300 万元。假定该投资项目的基准折现率为 20%。

根据上述资料，按公式法计算的该项目净现值如下：

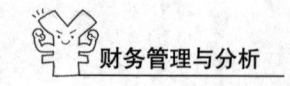

$$NPV=-1\,100\times1-0\times0.9091+200\times0.8264+200\times0.7513+200\times0.6830$$
$$+200\times0.6209+200\times0.5645+200\times0.5132+200\times0.4665+200$$
$$\times0.4241+200\times0.3855+300\times0.3505\approx52.23(万元)$$

根据上述资料，用列表法计算该项目净现值如表 3-1 所示。

表 3-1 某工业投资项目现金流量表（项目投资）

价值单位：万元

项目计算期（第 t 年）	建设期 0	1	经营期 2	3	4	5	…	10	11	合计
…	…	…	…	…	…	…	…	…	…	…
所得税前净现金流量	-1100	0	200	200	200	200	…	200	300	1000
10%的复利现值系数	1	0.9091	0.8264	0.7513	0.6830	0.6209	…	0.3855	0.3505	—
折现的净现金流量	-1100.00	0.00	165.28	150.26	136.60	124.18	…	77	105	52.23

由表 3-1 的数据可见，该方案折现的净现金流量合计数即净现值为 52.23 万元，与公式法的计算结果相同。

2. 净现值指标计算的特殊方法。

本法是指在特殊条件下，当项目投产后净现金流量表现为普通年金或递延年金时，可以利用计算年金现值或递延年金现值的技巧直接计算出项目净现值的方法，又称简化方法。

由于项目各年的净现金流量 NCF_t(t=0, 1, …, n)属于系列款项，所以当项目的全部原始投资均于建设期投入，运营期不再追加投资，投产后的净现金流量表现为普通年金或递延年金的形式时，就可视情况不同分别按不同的简化公式计算净现值指标。

（1）特殊方法一：当建设期为零，投产后的净现金流量表现为普通年金形式时，公式为：

$$NPV=NCF_0+NCF_{1\text{-}n}(P/A, i_c, n)$$

【例 3-21】 某投资项目的所得税前净现金流量如下：NCF_0 为 -100 万元，$NCF_{1\sim10}$ 为 20 万元；假定该项目的基准折现率为 10%。则按照简化方法计算的该项目的净现值（所得税前）如下：

$$NPV=-100+20\times(P/A, 10\%, 10)=22.8914\approx22.89(万元)$$

（2）特殊方法二：当建设期为零，运营期第 1~n 每年不含回收额的净现金流量相等，但终结点第 n 年有回收额 R_n（如残值）时，可按两种方法求净现值。

① 将运营期 1~（n-1）年每年相等的不含回收额净现金流量视为普通年金，

第 n 年净现金流量视为第 n 年终值。公式如下：
$$NPV=NCF_0+NCF_{1\sim(n-1)} \cdot (P/A, i_c, n-1)+NCF_n \cdot (P/F, i_c, n)$$

② 将运营期 1～n 年每年相等的不含回收额净现金流量按普通年金处理，第 n 年发生的回收额单独作为该年终值。公式如下：
$$NPV=NCF_0+不含回收额 NCF_{1\sim n} \cdot (P/A, i_c, n)+R_n \cdot (P/F, i_c, n)$$

【例3-22】某投资项目的所得税前净现金流量如下：NCF_0 为 -100 万元，$NCF_{1\sim 9}$ 为 19 万元，NCF_{10} 为 29 万元；假定该项目的基准折现率为 10%。则按照简化方法计算该项目的净现值（所得税前）如下：

$NPV=-100+19\times(P/A, 10\%, 9)+29\times(P/F, 10\%, 10)$

或 $=-100+19\times(P/A, 10\%, 10)+10\times(P/F, 10\%, 10)$

$=20.6062\approx 20.60$（万元）

(3) 特殊方法三：当建设期不为零，全部投资在建设起点一次投入，运营期每年净现金流量为递延年金形式时，公式为：

$NPV=NCF_0+NCF_{(s+1)\sim n} \cdot [(P/A, i_c, n)-(P/A, i_c, s)]$

或 $=NCF_0+NCF_{(s+1)\sim n} \cdot (P/A, i_c, n-s) \cdot (P/F, i_c, s)$

【例3-23】某项目的所得税前净现金流量数据如下：NCF_0 为 -100 万元，NCF_1 为 0，$NCF_{2\sim 11}$ 为 20 万元；假定该项目的基准折现率为 10%。则按简化方法计算的该项目净现值（所得税前）如下：

$NPV=-100+20\times[(P/A, 10\%, 11)-(P/A, 10\%, 1)]$

或 $=-100+20\times(P/A, 10\%, 10)\times(P/F, 10\%, 1)$

$=11.7194\approx 11.72$（万元）

(4) 特殊方法四：当建设期不为零，全部投资在建设起点分次投入，投产后每年净现金流量为递延年金形式时，公式为：

$NPV=NCF_0+NCF_1 \cdot (P/F, i_c, 1)+\cdots+NCF_s \cdot (P/F, i_c, s)+NCF_{(s+1)\sim n} \cdot [(P/A, i_c, n)-(P/A, i_c, s)]$

【例3-24】某项目的所得税前净现金流量数据如下：$NCF_{0\sim 1}$ 为 -50 万元，$NCF_{2\sim 11}$ 为 20 万元；假定该项目的基准折现率为 10%。总按简化方法计算的该项目净现值（所得税前）如下：

$NPV=-50-50\times(P/F, 10\%, 1)+20\times[(P/A, 10\%, 11)-(P/A, 10\%, 1)]$

$=16.2648\approx 16.26$（万元）

在上述介绍的各种计算方法中，按公式法展开式计算其过程太麻烦，列表法相对要简单一些；特殊方法虽然比一般方法简单，但要求的前提条件比较苛刻，需要记忆的公式也比较多。

净现值指标的优点是综合考虑了资金时间价值、项目计算期内全部净现金流量信息和投资风险；缺点在于：无法从动态的角度直接反映投资项目的实际收益率水平，与静态投资回收期指标相比，计算过程比较繁琐。

只有净现值指标大于或等于零的投资项目才具有财务可行性。

（三）净现值率

净现值率（记作 NPVR），是指投资项目的净现值占原始投资现值总和的比率，亦可将其理解为单位原始投资的现值所创造的净现值。

净现值率的计算公式为：

$$\text{净现值率（NPVR）} = \frac{\text{项目的净现值}}{\text{原始投资的现值合计}}$$

【例 3-25】 某项目的净现值（所得税前）为 16.2648 万元，原始投资现值合计为 95.4545 万元。则按简化方法计算的该项目净现值率（所得税前）如下：

$$\text{NPVR} = \frac{16.2648}{95.4545} \approx 0.17$$

净现值率的优点是可以从动态的角度反映项目投资的资金投入与净产出之间的关系，计算过程比较简单；缺点是无法直接反映投资项目的实际收益率。

只有该指标大于或等于零的投资项目才具有财务可行性。

（四）内部收益率

内部收益率（记作 IRR），是指项目投资实际可望达到的收益率。实质上，它是能使项目的净现值等于零时的折现率。IRR 满足下列等式：

$$\sum_{t=0}^{n}[\text{NCF}_t \cdot (P/F, \text{IRR}, t)] = 0$$

计算内部收益率指标可以通过特殊方法、一般方法和插入函数法三种方法来完成。

1. 内部收益率指标计算的特殊方法。

该法是指当项目投产后的净现金流量表现为普通年金的形式时，可以直接利用年金现值系数计算内部收益率的方法，又称为简便算法。

该法所要求的充分而必要的条件是：项目的全部投资均于建设起点一次投入，建设期为零，建设起点第 0 期净现金流量等于全部原始投资的负值，即：$\text{NCF}_0 = -\text{I}$；投产后每年净现金流量相等，第 1 至第 n 期每期净现金流量取得了普通年金的形式。

应用本法的条件十分苛刻，只有当项目投产后的净现金流量表现为普通年金的形式时才可以直接利用年金现值系数计算内部收益率，在此法下，内部收益率 IRR 可按下式确定：

$$(P/A, \text{IRR}, n) = \frac{\text{I}}{\text{NCF}}$$

式中，I 为在建设起点一次投入的原始投资；(P/A, IRR, n) 是 n 期、设定折现率为 IRR 的年金现值系数；NCF 为投产后 1~n 年每年相等的净现金流量（$\text{NCF}_1 = \text{NCF}_2 = \cdots = \text{NCF}_n = \text{NCF}$，NCF 为一常数，NCF≥0）。

特殊方法的具体程序如下：

（1）按上式计算（P/A, IRR, n）的值，假定该值为 C，则 C 值必然等于该方案不包括建设期的回收期；

（2）根据计算出来的年金现值系数 C，查第 n 年的年金现值系数表；

（3）若在 n 年系数表上恰好能找到等于上述数值 C 的年金现值系数（P/A,r_m,n），则该系数所对应的折现率 r_m 即为所求的内部收益率 IRR；

（4）若在系数表上找不到事先计算出来的系数值 C，则需要找到系数表上同期略大及略小于该数值的两个临界值 C_m 和 C_{m+1} 及相对应的两个折现率 r_m 和 r_{m+1}，然后应用内插法计算近似的内部收益率。即，如果以下关系成立：

$$(P/A, r_m, n) = C_m > C$$
$$(P/A, r_{m+1}, n) = C_{m+1} < C$$

就可按下列具体公式计算内部收益率 IRR：

$$IRR = r_m = \frac{C_m - C}{C_m - C_{m+1}} \cdot (r_{m+1} - r_m)$$

为缩小误差，按照有关规定，r_{m+1} 与 r_m 之间的差不得大于 5%。

【例 3-26】 某投资项目在建设起点一次性投资 254 580 元，当年完工并投产，投产后每年可获净现金流量 50 000 元，运营期为 15 年。

根据上述资料，判断其用特殊方法计算该项目的内部收益率如下：

（1）因为，$NCF_0 = -254\ 580$　$NCF_{1\sim15} = 50\ 000$

所以，此题可采用特殊方法

（2）（P/A, IRR, 15）$= \dfrac{254590}{50000} = 5.0916$

查 15 年的年金现值系数表：

因为，（P/A, 18%, 15）$= 5.0916$

所以，IRR $= 18\%$

【例 3-27】 某投资项目的所得税前净现金流量如下：NCF_0 为 -100 万元，$NCF_{1\sim10}$ 为 20 万元。根据上述资料，可用特殊方法计算内部收益率如下：

（P/A, IRR, 10）$= \dfrac{100}{20} = 5.0000$

查 10 年的年金现值系数表：

因为，（P/A, 14%, 10）$= 5.2161 > 5.0000$

　　　（P/A, 16%, 10）$= 4.8332 < 5.0000$

所以，14% < IRR < 16%，应用内插法

$$IRR = 14\% + \frac{5.2161 - 5.0000}{5.2161 - 4.8332} \times (16\% - 14\%) \approx 15.13\%$$

2. 内部收益率指标计算的一般方法。

该法是指通过计算项目不同设定折现率的净现值，然后根据内部收益率的定义所揭示的净现值与设定折现率的关系，采用一定技巧，最终设法找到能使净现值等

于零的折现率——内部收益率 IRR 的方法，又称为逐次测试逼近法（简称逐次测试法）。如项目不符合直接应用简便算法的条件，必须按此法计算内部收益率。

内部收益率的优点是既可以从动态的角度直接反映投资项目的实际收益率水平，又不受基准收益率高低的影响，比较客观。缺点是计算过程复杂，尤其当运营期内大量追加投资时，有可能导致多个内部收益率出现，或偏高或偏低，缺乏实际意义。

只有当该指标大于或等于基准折现率的投资项目才具有财务可行性。

（五）动态指标之间的关系

净现值 NPV、净现值率 NPVR 和内部收益率 IRR 指标之间存在以下数量关系，即：

当 NPV > 0 时，NPVR > 0，IRR > i_c；

当 NPV = 0 时，NPVR = 0，IRR = i_c；

当 NPV < 0 时，NPVR < 0，IRR < i_c。

此外，净现值率 NPVR 的计算需要在已知净现值 NPV 的基础上进行，内部收益率 IRR 在计算时也需要利用净现值 NPV 的计算技巧。这些指标都会受到建设期的长短、投资方式，以及各年净现金流量的数量特征的影响。所不同的是 NPV 为绝对量指标，其余为相对数指标，计算净现值 NPV 和净现值率 NPVR 所依据的折现率都是事先已知的 i_c，而内部收益率 IRR 的计算本身与 i_c 的高低无关。

五、运用相关指标评价投资项目的财务可行性

财务可行性评价指标的首要功能，就是用于评价某个具体的投资项目是否具有财务可行性。在投资决策的实践中，必须对所有已经具备技术可行性的投资备选方案进行财务可行性评价。不能全面掌握某一具体方案的各项评价指标，或者所掌握的评价指标的质量失真，都无法完成投资决策的任务。

（一）判断方案完全具备财务可行性的条件

如果某一投资方案的所有评价指标均处于可行区间，即同时满足以下条件时，则可以断定该投资方案无论从哪个方面看都具备财务可行性，或完全具备可行性。这些条件是：

（1）净现值 NPV ≥ 0；

（2）净现值率 NPVR ≥ 0；

（3）内部收益率 IRR ≥ 基准折现率 i_c；

（4）包括建设期的静态投资回收期 PP ≤ $\dfrac{n}{2}$ （即项目计算期的一半）；

（5）不包括建设期的静态投资回收期 PP′ ≤ $\dfrac{P}{2}$ （即运营期的一半）；

（6）总投资收益率 ROI ≥ 基准总投资收益率 i（实现给定）。

（二）判断方案是否完全不具备财务可行性的条件

如果某一投资项目的评价指标均处于不可行区间，即同时满足以下条件时，则可以断定该投资项目无论从哪个方面看都不具备财务可行性，或完全不具备可行性，应当彻底放弃该投资方案。这些条件是：

（1）NPV < 0；

（2）NPVR < 0；

（3）IRR < i_c；

（4）PP > $\frac{n}{2}$；

（5）PP′ > $\frac{p}{2}$；

（6）ROI < i。

（三）判断方案是否基本具备财务可行性的条件

如果在评价过程中发现某项目的主要指标处于可行区间（如 NPV ≥ 0，NPVR ≥ 0，IRR ≥ i_c），但次要或辅助指标处于不可行区间（如 PP > $\frac{n}{2}$，PP′ > $\frac{p}{2}$ 或 ROI < i），则可以断定该项目基本上具有财务可行性。

（四）判断方案是否基本不具备财务可行性的条件

如果在评价过程中发现某项目出现 NPV < 0、NPVR < 0、IRR < i_c 的情况，即使有 PP ≤ $\frac{n}{2}$，PP′ ≤ $\frac{P}{2}$ 或 ROI ≥ i 发生，也可断定该项目基本上不具有财务可行性。

（五）其他应当注意的问题

在对投资方案进行财务可行性评价过程中，除了要熟练掌握和运用上述判定条件外，还必须明确以下两点：

第一，主要评价指标在评价财务可行性的过程中起主导作用。

在对独立项目进行财务可行性评价和投资决策的过程中，当静态投资回收期（次要指标）或总投资收益率（辅助指标）的评价结论与净现值等主要指标的评价结论发生矛盾时，应当以主要指标的结论为准。

第二，利用动态指标对同一个投资项目进行评价和决策，会得出完全相同的结论。

在对同一个投资项目进行财务可行性评价时，净现值、净现值率和内部收益率指标的评价结论是一致的。

【例3-28】 某投资项目只有一个备选方案，计算出来的财务可行性评价指标如下：ROI 为 10%，PP 为 6 年，PP′ 为 5 年，NPV 为 162.65 万元，NPVR 为 0.1704，PI 为 1.1704，IRR 为 12.73%。项目计算期为 11 年（其中生产运营期为 10 年），基准总投资利润率为 9.5%，基准折现率为 10%。根据上述资料，评价该项目财务可行性的程序如下：

因为，ROI＝10%＞i＝9.5%，PP′＝5年＝$\frac{P}{2}$，NPV＝162.65万元＞0

NPVR＝17.04%＞0，IRR＝12.73%＞i_c＝10%

所以，该方案基本上具有财务可行性（尽管PP＝6年＞$\frac{n}{2}$＝5.5年，超过基准回收期）。

评价结论：因为该方案各项主要评价指标均达到或超过相应标准，所以基本上具有财务可行性，只是包括建设期的投资回收期较长，有一定风险。如果条件允许，可实施投资。

第四节　项目投资决策方法及应用

一、投资方案及其类型

前已述及，投资项目是指投资的客体，即资金投入的具体对象。譬如建设一条汽车生产线或购置一辆生产用汽车，就属于不同的投资项目，前者属于新建项目，后者属于单纯固定资产投资项目。

根据投资项目中投资方案的数量，可将投资方案分为单一方案和多个方案；根据方案之间的关系，可以分为独立方案、互斥方案和组合或排队方案。所谓独立方案是指在决策过程，一组互相分离、互不排斥的方案或单一的方案。互斥方案是指互相关联、互相排斥的方案，即一组方案中的各个方案彼此可以相互代替，采纳方案组中的某一方案，就会自动排斥这组方案中的其他方案。因此，互斥方案具有排他性。

二、财务可行性评价与项目投资决策的关系

开展财务可行性评价，就是围绕某一个投资方案而开展的评价工作，其结果是作出该方案是否具备（完全具备、基本具备、完全不具备或基本不具备）财务可行性的结论。而投资决策就是通过比较，从可供选择的备选方案中选择一个或一组最优方案的过程，其结果是从多个方案中作出了最终的选择。因此，在时间顺序上，可行性评价在先，比较选择决策在后。这种关系在不同类型的方案之间表现不完全一致。

三、项目投资决策的主要方法

投资决策方法，是指利用特定财务可行性指标作为决策标准或依据，对多个互斥方案作出最终决策的方法。

许多人将财务可行性评价指标的计算方法等同于投资决策的方法，这是完全错

误的。事实上，在投资决策方法中，从来就不存在所谓的投资回收期法和内部收益率法。

投资决策的主要方法包括净现值法、净现值率法、差额投资内部收益率法、年等额净回收额法和计算期统一法等具体方法。

（一）净现值法

所谓净现值法，是指通过比较所有已具备财务可行性投资方案的净现值指标的大小来选择最优方案的方法。该法适用于原始投资相同且项目计算期相等的多方案比较决策。

在此法下，净现值最大的方案为优。

【例 3-29】 某投资项目需要原始投资 1 000 万元，有 A 和 B 两个互相排斥，但项目计算期相同的备选方案可供选择，各方案的净现值指标分别为 228.91 万元和 206.02 万元。根据上述资料，按净现值法作出决策的程序如下：

（1）评价各备选方案的财务可行性

因为，A、B 两个备选方案的 NPV 均大于零

所以，这两个方案均具有财务可行性

（2）按净现值法进行比较决策

因为，228.91＞206.02

所以，A 方案优于 B 方案

（二）净现值率法

所谓净现值率法，是指通过比较所有已具备财务可行性投资方案的净现值率指标的大小来选择最优方案的方法。该法适用于项目计算期相等且原始投资相同的多个互斥方案的比较决策。

在此法下，净现值率最大的方案为优。

在投资额相同的互斥方案比较决策中，采用净现值率法会与净现值法得到完全相同的结论；但投资额不相同时，情况就可能不同。

【例 3-30】 A 项目与 B 项目为互斥方案，它们的项目计算期相同。A 项目原始投资的现值为 150 万元，净现值为 29.97 万元；B 项目原始投资的现值为 100 万元，净现值为 24 万元。

根据上述资料，计算两个项目净现值率并按净现值和净现值率比较决策如下：

（1）计算净现值率

A 项目的净现值率 $= \dfrac{29.97}{150} \approx 0.20$

B 项目的净现值率 $= \dfrac{24}{100} = 0.24$

（2）在净现值法下

因为，29.97＞24

所以，A 项目优于 B 项目

在净现值率法下

因为，0.24 > 0.20

所以，B 项目优于 A 项目

由于两个项目的原始投资额不相同，导致两种方法的决策结论相互矛盾。

（三）差额投资内部收益率法

所谓差额投资内部收益率法，是指在两个原始投资额不同方案的差量净现金流量（记作 ΔNCF）的基础上，计算出差额内部收益率（记作 ΔIRR），并与基准折现率进行比较，进而判断方案孰优孰劣的方法。该法适用于两个原始投资不相同，但项目计算期相同的多方案比较决策。

当差额内部收益率指标大于或等于基准收益率或设定折现率时，原始投资额大的方案较优；反之，则投资少的方案为优。

差额投资内部收益率法的原理如下：

假定有 A 和 B 两个项目计算期相同的投资方案，A 方案的投资额大，B 方案的投资额小。我们可以把 A 方案看成两个方案之和。第一个方案是 B 方案，即把 A 方案的投资用于 B 方案；第二个方案是 C 方案，用于 C 方案投资的是 A 方案投资额与 B 方案投资额之差。因为把 A 方案的投资用于 B 方案会因此节约一定的投资，可以作为 C 方案的投资资金来源。

C 方案的净现金流量等于 A 方案的净现金流量减去 B 方案的净现金流量而形成的差量净现金流量 ΔNCF。根据 ΔNCF 计算出来的差额内部收益率 ΔIRR，其实质就是 C 方案的内部收益率。

在这种情况下，A 方案等于 B 方案于 C 方案之和；A 方案于 B 方案的比较，相当于 B 与 C 两方案之和与 B 方案的比较，如果差额内部收益率 ΔIRR 小于基准折现率，则 C 方案不具有财务可行性，这就意味着 B 方案优于 A 方案。

差额投资内部收益率 ΔIRR 的计算过程和计算技巧同内部收益率 IRR 完全一样，只是所依据的是 ΔNCF。

【例 3-31】 A 项目原始投资的现值为 150 万元，项目计算期第 1～10 年的净现金流量为 29.29 万元；B 项目的原始投资额为 100 万元，项目计算期第 1～10 年的净现金流量为 20.18 万元。假定基准折现率为 10%。根据上述资料，按差额投资内部收益率法进行投资决策的程序如下：

（1）计算差量净现金流量：

$\Delta NCF_0 = -150-(-100) = -50$（万元）

$\Delta NCF_{1\sim 10} = 29.29 - 20.18 = 9.11$（万元）

（2）计算差额内部收益率 ΔIRR

$(\Delta P_A/A, \Delta IRR, 10) = 5.4885$

因为，$(P_A/A, 12\%, 10) = 5.6502 > 5.4885$

$(P_A/A, 14\%, 10) = 5.2161 < 5.4885$

所以，$12\% < \Delta IRR < 14\%$，应用内插法：

$$\Delta IRR = 12\% + \frac{5.6502 - 5.4885}{5.6502 - 5.2161} \times (14\% - 12\%) \approx 12.74\%^{①}$$

（3）作出决策

因为，$\Delta IRR = 12.74\% > i_c = 10\%$

所以，应当投资 A 项目

（四）年等额净回收额法

所谓年等额净回收额法，是指通过比较所有投资方案的年等额净回收额（记作 NA）指标的大小来选择最优方案的决策方法。该法适用于原始投资不相同、特别是项目计算期不同的多方案比较决策。在此法下，年等额净回收额最大的方案为优。

某方案的年等额净回收额等于该方案净现值与相关回收系数（或年金现值系数倒数）的乘积。计算公式为：

某方案年等额净回收额＝该方案净现值×回收系数

$$或 = 该方案净现值 \times \frac{1}{年金现值系数}$$

【例 3-32】 某企业拟投资建设一条新生产线。现有三个方案可供选择：A 方案的原始投资为 1 250 万元，项目计算期为 11 年，净现值为 958.7 万元；B 方案的原始投资为 1 100 万元，项目计算期为 10 年，净现值为 920 万元；C 方案的净现值为 -12.5 万元。行业基准折现率为 10%。根据上述资料，按年等额净回收额法作出最终投资决策的程序如下：

（1）判断各方案的财务可行性

因为，A 方案和 B 方案的净现值大于零

所以，这两个方案具有财务可行性

因为，C 方案的净现值小于零

所以，该方案不具有财务可行性

（2）计算各个具有财务可行性方案的年等额净回收额

A 方案的年等额净回收额 = A 方案的净现值 $\times \frac{1}{(P/A,10\%,11)} = 958.7 \times \frac{1}{6.4951} \approx 147.60$（万元）

B 方案的年等额净回收额 = B 方案的净现值 $\times \frac{1}{(P/A,10\%,10)} = 920 \times \frac{1}{6.1446} \approx 149.72$（万元）

（3）比较各方案的年等额净回收额，作出决策

---

①若采用插入函数法，求得的 ΔIRR 为 12.72%。

因为，149.72＞147.60

所以，B方案优于A方案

（五）计算期统一法

计算期统一法是指通过对计算期不相等的多个互斥方案选定一个共同的计算分析期，以满足时间可比性的要求，进而根据调整后的评价指标来选择最优方案的方法。

该法包括方案重复法和最短计算期法两种具体处理方法。

1. 方案重复法。

方案重复法也称计算期最小公倍数法，是将各方案计算期的最小公倍数作为比较方案的计算期，进而调整有关指标，并据此进行多方案比较决策的一种方法。应用此法，可采取两种方式：

第一种方式，将各方案计算期的各年净现金流量或费用流量进行重复计算，直到与最小公倍数计算期相等；然后，再计算净现值、净现值率、差额内部收益率或费用现值等评价指标；最后根据调整后的评价指标进行方案的比较决策。

第二种方式，直接计算每个方案项目原计算期内的评价指标（主要指净现值），再按照最小公倍数原理分别对其折现，并求代数和，最后根据调整后的净现值指标进行方案的比较决策。

本书主要介绍第二种方式。

【例3-33】 A和B两个方案均在建设期年末投资，它们的计算期分别是10年和15年，有关资料如表3-2所示，假定基准折现率为12%。

表3-2 净现金流量资料

价值单位：万元

年份 项目	1	2	3	4～9	10	11～14	15	净现值
A	−700	−700	480	480	600			756.48
B	−1 500	−1 700	−800	900	900	900	1 400	795.54

根据上述资料，按计算期统一法中的方案重复法（第二种方式）作出最终投资决策的程序如下：

确定A和B两个方案项目计算期的最小公倍数：计算结果为30年。

计算在30年内各个方案重复的次数：A方案重复两次（30÷10−1），而B方案只重复一次（30÷15−1）。

分别计算各方案调整后的净现值指标：

$NPV_A' = 756.48 + 756.48 \times (P/F, 12\%, 10) + 756.48 \times (P/F, 12, 20) \approx 1\,078.47$（万元）

$NPV_B' = 795.54 + 795.54 \times (P/F, 12\%, 15) \approx 940.88$（万元）

因为，1 078.47＞940.88

所以，$NPV_A' > NPV_B'$

所以，A方案优于B方案

由于有些方案的计算期相差很大，按最小公倍数所确定的计算期往往很长。假定有四个互斥方案的计算期分别为15年、25年、30年和50年，那么它们的最小公倍数就是150年，显然考虑这么长时间内的重复计算既复杂又无必要。为了克服方案重复法的缺点，人们设计了最短计算期法。

2. 最短计算期法。

最短计算期法又称最短寿命期法，是指在将所有方案的净现值均还原为等额年回收额的基础上，再按照最短的计算期来计算出相应净现值，进而根据调整后的净现值指标进行多方案比较决策的一种方法。

【例3-34】仍按例3-33的资料，则按最小计算期法作出最终投资决策的程序如下：

确定A和B两方案中最短的计算期为A方案的10年

计算调整后的净现值指标：

$NPV_A' = NPV_A = 756.48$（万元）

$NPV_B' = NPV_B \times \dfrac{1}{(P/A,12\%,15)} \times (P/A,12\%,10)$

$= 795.54 \times \dfrac{(P/A,12\%,10)}{(P/A,12\%,15)} \approx 660.30$（万元）

因为，756.48万>660.30万

所以，$NPV_A' > NPV_B'$

所以，A方案优于B方案

练 习 题

一、单项选择题

1. 下列不属于间接投资的是（　　）。
   A. 直接从股票交易所购买股票　　B. 购买固定资产
   C. 购买公司债券　　　　　　　　D. 购买基金
2. 下列指标中，属于静态相对量正指标的是（　　）。
   A. 静态投资回收期　　　　　　　B. 投资报酬率
   C. 净现值率　　　　　　　　　　D. 内部收益率
3. 某项目经营期为10年，预计投产第一年流动资产需用额为50万元，流动负债需用额为10万元，投产第二年流动资金需用额为80万元，流动负债需用额为30万元，则该项目第二年投入的流动资金为（　　）。
   A. 10万元　　　　B. 60万元　　　　C. 80万元　　　　D. 40万元

4. 甲企业拟新建一条生产线项目,建设期为 2 年,运营期为 20 年。建设投资为 468 万元（其中,第一年初投入 200 万元）,流动资金在投产后第一年和第二年年初分两次投入,投资额分别为 15 万元和 5 万元。建设期资本化借款利息为 22 万元。则该项目的初始投资为（　　）万元。

  A. 200   B. 488   C. 510   D. 468

5. 某企业新建生产线项目,需要在建设期投入形成固定资产的费用为 500 万元;支付 50 万元购买一项专利权,支付 10 万元购买一项非专利技术;投入开办费 5 万元,预备费 10 万元,该项目的建设期为 1 年,建设期资本化利息为 30 万元。则该项目建设投资、固定资产原值分别是（　　）。

  A. 560 万元,575 万元   B. 575 万元,540 万元
  C. 575 万元,510 万元   D. 510 万元,575 万元

6. 如果某投资项目的相关评价指标满足以下关系：NPV<0, NPVR<0, IRR<ic, ROI>i,则可以得出的结论是（　　）。

  A. 该项目完全具备财务可行性   B. 该项目基本不具备财务可行性
  C. 该项目基本具备财务可行性   D. 该项目完全不具备财务可行性

7. 某企业存货的最低周转天数为 120 天,每年存货外购费用为 240 万元,应收账款最多的周转次数为 5 次,现金需用额每年为 50 万元,应付账款需用额为 40 万元,预收账款最多周转次数为 2 次,已知该企业每年的经营收入为 800 万元,年经营成本为 300 万元。假设不存在上述所涉及的流动资产和流动负债之外的项目。则企业本年的流动资金需用额为（　　）万元。

  A. 190   B. 0   C. -440   D. -250

8. 以下不属于项目投资决策的主要方法的是（　　）。

  A. 净现值法   B. 净现值率法
  C. 内部收益率法   D. 年等额净回收额法

9. 估算固定资产更新项目的净现金流量时需要注意的问题不包括（　　）。

  A. 项目的计算期不取决于新设备的使用年限,而是由旧设备可继续使用的年限决定
  B. 需要考虑在建设起点旧设备可能发生的变价净收入,并以此作为估计继续使用旧设备至期满时的净残值的依据
  C. 由于以旧换新决策相当于在使用新设备投资和继续使用旧设备两个原始投资不同的备选方案中作出比较与选择,因此,所估算出来的是增量净现金流量
  D. 在此类项目中,所得税后净现金流量同所得税前净现金流量具有相同的意义

10. 关于项目投资,下列说法不正确的是（　　）。

  A. 投资内容独特,投资数额多,变现能力差

B. 是以特定建设项目为投资对象的长期投资行为

C. 影响时间可以短于一年或者一个营业周期

D. 每个项目都至少涉及一项形成固定资产的投资

二、多项选择题

1. 从企业的角度看，固定资产投资属于（　　）。
   A. 直接投资　　　　　　　　B. 生产性投资
   C. 垫支资本投资　　　　　　D. 对内投资

2. 下列关于静态投资回收期指标的说法正确的有（　　）。
   A. 能够直观地反映项目总投资的返本期限
   B. 便于理解
   C. 没有考虑资金时间价值因素
   D. 不能正确反映投资方式不同对项目的影响

3. 下列指标中，受投资资金来源结构（权益资金和债务资金的比例）影响的是（　　）。
   A. 原始投资　　　　　　　　B. 固定资产原值
   C. 建设投资　　　　　　　　D. 项目总投资

4. 下列关于总投资收益率指标的表述，正确的有（　　）。
   A. 考虑了资金时间价值
   B. 分子和分母的计算口径不一致
   C. 无法直接利用净现金流量信息
   D. 指标中的分母考虑了建设期资本化利息

5. 如果项目完全不具备财务可行性，则下列说法中正确的有（　　）。
   A. 净现值小于0
   B. 净现值率小于1
   C. 内部收益率大于设定的折现率
   D. 不包括建设期的静态投资回收期大于运营期的一半

6. 以下不属于单纯固定资产投资的现金流出量的是（　　）。
   A. 流动资产投资　　　　　　B. 无形资产投资
   C. 其他资产投资　　　　　　D. 流动资金投资

7. 已知甲项目原始投资为120万元，建设期资本化利息为10万元，运营期内每年利息费用8万元，建设期为1年，试产期为1年，达产期为5年，试产期税前利润为－5万元，达产期税前利润合计为280万元。试产期净现金流量为2万元，达产期第1年净现金流量为30万元，第2年净现金流量为100万元。则（　　）。
   A. 包括建设期的静态投资回收期为3.88年
   B. 总投资收益率为41.41%

C. 项目总投资为 130 万元

D. 包括建设期的静态投资回收期为 3.98 年

8. 下列说法中属于净现值指标的优点的有（　　）。

A. 考虑了资金时间价值

B. 能够利用项目计算期的全部净现金流量信息

C. 考虑了投资风险

D. 可从动态的角度反映投资项目的实际投资收益率水平

9. 已知某投资项目于建设起点投入资金 500 万元，建设期为 1 年，采用插入函数法得到的净现值为 100 万元，内部收益率为 10%，则下列说法正确的有（　　）。

A. 实际净现值等于 100 万元　　　　B. 实际净现值大于 100 万元

C. 实际内部收益率小于 10%　　　　D. 实际内部收益率等于 10%

10. 投资决策评价动态相对指标主要包括（　　）。

A. 净现值　　　　　　　　　　　　B. 总投资收益率

C. 净现值率　　　　　　　　　　　D. 内部收益率

三、判断题

1. 财务可行性要素和时间价值是计算任何财务可行性评价指标都需要考虑的因素。（　　）

2. 根据"所得税后净现金流量＝所得税前净现金流量－所得税"可知：所得税前净现金流量＝所得税后净现金流量＋所得税，所以，如果所得税发生变化，则所得税前净现金流量也会发生变化。（　　）

3. 某项目全部投资于建设起点一次投入，建设期为 0 年，计算期为 8 年，投产后每年净现金流量相等，该项目的静态投资回收期为 5.335 年，则该项目的（P/A，IRR，8）数值为 5.335。（　　）

4. 按指标在决策中的重要性分类，可分为主要指标、次要指标和辅助指标。总投资收益率为次要指标，静态投资回收期为辅助指标。（　　）

5. 对于更新改造投资项目而言，在计算"运营期第一年所得税后净现金流量"的公式中，"该年因更新改造而增加的息税前利润"中包括"旧固定资产提前报废发生的净损失"。（　　）

6. 评价投资项目的财务可行性时，如果总投资收益率的评价结论与净现值率指标的评价结论发生矛盾，应当以总投资收益率指标的结论为准。（　　）

7. 项目投资是以建设项目（包括特定建设项目和一般建设项目）为投资对象的一种长期投资行为。（　　）

8. 已知某投资项目的原始投资 500 万元于建设起点一次投入，如果该项目的净现值率为 2，则该项目的净现值为 250 万元。（　　）

9. 在运营期内的净现金流量一定大于或等于 0。（　　）

四、思考题

1. 某企业需要新建一条生产线，预计投产后第 1 年的外购原材料、燃料和动力费为 50 万元，职工薪酬为 40 万元，其他费用为 5 万元，年折旧费为 10 万元，无形资产摊销费为 5 万元，开办费摊销为 3 万元；第 2～第 9 年每年外购原材料、燃料和动力费为 70 万元，职工薪酬为 50 万元，其他费用为 20 万元，每年折旧费为 10 万元，无形资产摊销费为 5 万元；第 10～第 15 年每年不包括财务费用的总成本费用为 200 万元，其中，每年外购原材料、燃料和动力费为 100 万元，每年折旧费为 10 万元，无形资产摊销费为 0 万元。该项目预计投产后第 1 年营业收入为 200 万元，第 2～第 9 年的营业收入为 300 万元，第 10～第 15 年的营业收入为 400 万元，适用的增值税税率为 17%，城建税税率为 7%，教育费附加率为 3%。该企业不需要缴纳营业税和消费税。

要求根据上述资料估算该项目的下列指标：
（1）投产后各年的经营成本；
（2）投产后 1～10 年每年不包括财务费用的总成本费用；
（3）投产后各年的应交增值税；
（4）投产后各年的营业税金及附加。

2. 已知某企业拟投资三个项目，其相关资料如下：

（1）甲方案的税后净现金流量为：$NCF_0 = -1\,000$ 万元，$NCF_1 = 0$ 万元，$NCF_{2\sim6} = 250$ 万元。

（2）乙方案的资料如下：

项目原始投资 1 000 万元，其中：固定资产投资 650 万元，流动资金投资 100 万元，其余为无形资产投资。该项目建设期为 2 年，经营期为 10 年。除流动资金投资在第二年末投入外，其余投资均于建设起点一次投入。固定资产的寿命期为 10 年，按直线法折旧，期满有 50 万元的净残值；无形资产投资从投产年份起分 10 年摊销完毕；流动资金于终结点一次收回。

预计项目投产后，每年发生的相关营业收入为 800 万元，每年预计外购原材料、燃料和动力费 100 万元，职工薪酬 120 万元，其他费用 50 万元。企业适用的增值税税率为 17%，城建税税率 7%，教育费附加率 3%。该企业不交纳营业税和消费税。

（3）丙方案的现金流量资料如表 3-3 所示：

表 3-3 现金流量资料表

单位：万元

T	0	1	2	3	4	5	6～10	11	合计
原始投资	500	500	0	0	0	0	0	0	1 000
息税前利润×（1－所得税率）	0	0	172	172	172	182	182	182	1 790

续表

年折旧、摊销额	0	0	78	78	78	72	72	72	738
回收额	0	0	0	0	0	0	0	280	280
税后净现金流量						(A)			(B)
累计税后净现金流量				(C)					

该企业所得税税率25%，设定折现率10%。假设三个方案利息费用均为零。

要求：

（1）指出甲方案项目计算期。

（2）计算乙方案的下列指标：

1）投产后各年的经营成本；

2）投产后各年不包括财务费用的总成本费用（不含营业税金及附加）；

3）投产后各年应交增值税和各年的营业税金及附加；

4）投产后各年的息税前利润；

5）各年所得税后净现金流量。

（3）根据上表的数据，写出表中用字母表示的丙方案相关税后净现金流量和累计税后净现金流量，并指出该方案的资金投入方式。

（4）计算甲、乙、丙方案的静态投资回收期（所得税后）。

（5）计算甲乙两个方案的净现值（假设行业基准折现率为10%），并据此评价甲乙两方案的财务可行性。

（6）假定丙方案的年等额净回收额为100万元。用年等额净回收额法为企业作出项目投资的决策。

第四章 营运资金管理

知识目标：
1. 营运资金的概念及特点
2. 现金管理
3. 应收账款的管理
4. 存货的管理
5. 流动负债的管理

技能目标：
1. 掌握随机模型求货币资金最佳持有量
2. 掌握成本收益原则进行了应收账款的管理工作
3. 掌握经济订货模型确定最优存货量

第一节 营运资金管理概述

一、营运资金的概念和特点

（一）营运资金的概念

营运资金是指流动资产减去流动负债后的余额。营运资金的管理既包括流动资产的管理，也包括流动负债的管理。

1. 流动资产。流动资产是指可以在 1 年以内或超过 1 年的一个营业周期内变现或运用的资产，流动资产具有占用时间短、周转快、易变现等特点。企业拥有较多的流动资产，可在一定程度上降低财务风险。流动资产按不同的标准可进行不同的分类，常见分类方式如下：

（1）按占用形态不同，分为现金、交易性金融资产、应收及预付款项和存货等。

（2）按在生产经营过程中所处的环节不同，分为生产领域中的流动资产、流通领域中的流动资产以及其他领域的流动资产。

2. 流动负债。流动负债是指需要在 1 年或者超过 1 年的一个营业周期内偿还的债务。流动负债又称短期负债，具有成本低、偿还期短的特点。流动负债按不同标准可作不同分类，最常见的分类方式如下：

（1）以应付金额是否确定为标准，可以分为应付金额确定的流动负债和应付金额不确定的流动负债。

（2）以流动负债的形成情况为标准，可以分为自然性流动负债和人为性流动负债。

（3）以是否支付利息为标准，可以分为有息流动负债和无息流动负债。

（二）营运资金的特点

为了有效地管理企业的营运资金，必须研究营运资金的特点，以便有针对性地进行管理。营运资金一般具有如下特点：

（1）营运资金的来源具有灵活多样性。

（2）营运资金的数量具有波动性。

（3）营运资金的周转具有短期性。

（4）营运资金的实物形态具有变动性和易变现性。

二、营运资金的管理原则

企业的营运资金在全部资金中占有相当大的比重，而且周转期短，形态易变，是企业财务管理工作的一项重要内容。实证研究也表明，财务经理的大量时间都用于营运资金的管理。企业进行营运资金管理，应遵循以下原则：

（1）保证合理的资金需求。

（2）提高资金使用效率。

（3）节约资金使用成本。

（4）保持足够的短期偿债能力。

第二节 现金管理

现金有广义、狭义之分。广义的现金是指在生产经营过程中以货币形态存在的资金，包括库存现金、银行存款和其他货币资金等。狭义的现金仅指库存现金。这里所讲的现金是指广义的现金。

一、持有现金的动机

持有现金是出于三种需求：交易性需求、预防性需求和投机性需求。除了上述三种基本的现金需求以外，还有许多企业是将现金作为补偿性余额来持有的。补偿性余额是企业同意保持的账户余额，它是企业对银行所提供借款或其他服务的一种补偿。

二、目标现金余额的确定

（一）成本模型

成本模型强调的是：持有现金是有成本的，最优的现金持有量是使得现金持有成本最小化的持有量。模型考虑的现金持有成本包括如下项目：

1. 机会成本。

现金的机会成本，是指企业因持有一定现金余额丧失的再投资收益。再投资收益是企业不能同时用该现金进行有价证券投资所产生的机会成本，这种成本在数额上等于资金成本。例如：某企业的资本成本为10%，年均持有现金50万元，则该企业每年的现金机会成本为5万元（50×10%）。放弃的再投资收益即机会成本属于变动成本，它与现金持有量的多少密切相关，即现金持有量越大，机会成本越大，反之就越少。

2. 管理成本。

现金的管理成本，是指企业因持有一定数量的现金而发生的管理费用。例如管理者工资、安全措施费用等。一般认为这是一种固定成本，这种固定成本在一定范围内和现金持有量之间没有明显的比例关系。

3. 短缺成本。

现金短缺成本是指在现金持有量不足，又无法及时通过有价证券变现加以补充所给企业造成的损失，包括直接损失与间接损失。现金的短缺成本随现金持有量的增加而下降，随现金持有量的减少而上升，即与现金持有量负相关。

成本分析模式是根据现金有关成本，分析预测其总成本最低时现金持有量的一种方法。其计算公式为：

$$最佳现金持有量 = \min（管理成本＋机会成本＋短缺成本）$$

其中，管理成本属于固定成本，机会成本是正相关成本，短缺成本是负相关成本。因此，成本分析模式是要找到机会成本、管理成本和短缺成本所组成的总成本曲线中最低点所对应的现金持有量，把它作为最佳现金持有量。如图4-1所示。

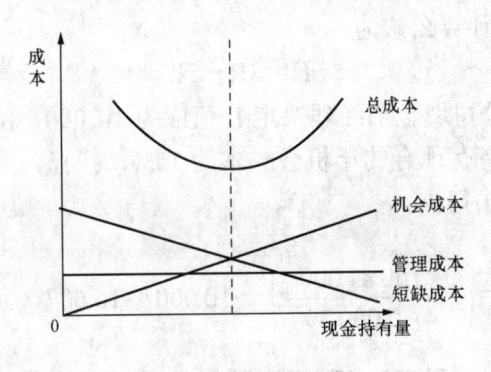

图 4-1 成本模式分析

在测算表中找出总成本最低时的现金持有量，即最佳现金持有量。

（二）随机模型（米勒-奥尔模型）

在实际工作中，企业现金流量往往具有很大的不确定性。米勒（M.Miller）和奥尔（D.Orr）设计了一个在现金流入、流出不稳定情况下确定现金最优持有量的模型。他们假定每日现金净流量的分布接近正态分布，每日现金流量可能低于也可能高于期望值,其变化是随机的。由于现金流量波动是随机的,只能对现金持有量确定一个控制区域,定出上限和下限。当企业现金余额在上限和下限之间波动时,则将部分现金转换为有价证券;当现金余额下降到下限时,则卖出部分证券。

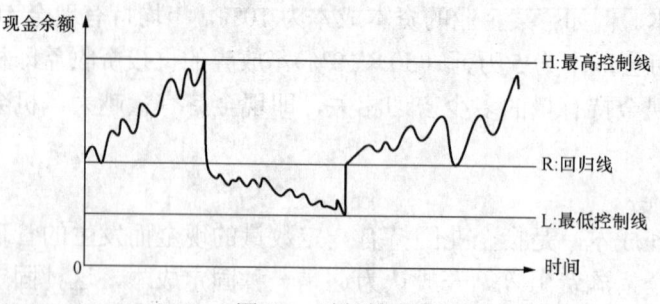

图 4-2 随机模型

图 4-2 显示了随机模型,该模型有两条控制线和一条回归线。最低控制线 L 取决于模型之外的因素,其数额是由现金管理部经理在综合考虑短缺现金的风险程度、公司借款能力、公司日常周转所需资金、银行要求的补偿性余额等因素的基础上确定的。回归线 R 可按下列公式计算:

$$R = \left(\frac{3b \times \delta^2}{4i}\right)^{\frac{1}{3}} + L$$

式中:b——证券转换为现金或现金转换为证券的成本;
δ——公司每日现金流变动的标准差;
i——以日为基础计算的现金机会成本。

最高控制线 H 的计算公式为:

$$H = 3R - 2L$$

【例 4-1】 设某公司现金部经理决定 L 值应为 10 000 元,估计公司现金流量标准差 δ 为 1 000 元,持有现金的年机会成本为 15%,换算为 i 值是 0.00039,b=150 元。根据该模型,可求得:

$$R = \left(\frac{3 \times 150 \times 1\,000^2}{4 \times 0.000\,39}\right)^{\frac{1}{3}} + 10\,000 = 16\,607 \text{(元)}$$

$$H = 3 \times 16\,607 - 2 \times 10\,000 = 29\,821 \text{(元)}$$

该公司目标现金余额为 16 607 元。如现金持有额达到 29 821 元,则买进 13 214 元的证券;若现金持有额降至 10 000 元,则卖出 6 607 元的证券。

运用随机模型求货币资金最佳持有量符合随机思想,即企业现金支出是随机的,收入是无法预知的,所以,适用于所有企业现金最佳持有量的测算。另一方面,随机模型建立在企业的现金未来需求总量和收支不可预测的前提下,因此,计算出来的现金持有量比较保守。

第三节 应收账款管理

一、应收账款的功能

企业通过提供商业信用，采取赊销、分期付款等方式可以扩大销售，增强竞争力，获得利润。应收账款作为企业为扩大销售和盈利的一项投资，也会发生一定的成本。所以企业需要在应收账款所增加的盈利和所增加的成本之间作出权衡。应收账款管理就是分析赊销的条件，使赊销带来的盈利增加大于应收账款投资产生的成本增加，最终使企业现金收入增加，企业价值上升。

应收账款的功能指其在生产经营中的作用。主要有以下两方面：

（一）增加销售功能

在激烈的市场竞争中，通过提供赊销可有效地促进销售。因为企业提供赊销不仅向顾客提供了商品，也在一定时间内向顾客提供了购买该商品的资金，顾客将从赊销中得到好处。所以赊销会带来企业销售收入和利润的增加。

（二）减少存货功能

企业持有一定产成品存货时，会相应地占用资金，形成仓储费用、管理费用等，产生成本；而赊销则可避免这些成本的产生。所以当企业的产成品存货较多时，一般会采用优惠的信用条件进行赊销，将存货转化为应收账款，节约支出。

二、应收账款的成本

应收账款作为企业为增加销售和盈利进行的投资，必然会发生一定的成本。应收账款的成本主要有：

（一）应收账款的机会成本

应收账款会占用企业一定量的资金，而企业若不把这部分资金投放于应收账款，便可以用于其他投资并可能获得收益，例如投资债券获得利息收入。这种因投放于应收账款而放弃其他投资所带来的收益，即为应收账款的机会成本。

（二）应收账款的管理成本

主要是指在进行应收账款管理时，所增加的费用。主要包括：调查顾客信用状况的费用、收集各种信息的费用、账簿的记录费用、收账费用等。

（三）应收账款的坏账成本

在赊销交易中，债务人由于种种原因无力偿还债务，债权人就有可能无法收回应收账款而发生损失，这种损失就是坏账成本。可以说，企业发生坏账成本是不可避免的，而此项成本一般与应收账款发生的数量成正比。

三、信用政策

为了确保企业能一致性地运用信用和保证公平性,企业额必须保持恰当的信用政策,必须明确地规定信用标准、信用条件、信用期间和折扣条件。

(一)信用标准

信用认可标准代表企业愿意承担的最大的付款风险的金额。如果企业执行的信用标准过于严格,可能会降低对符合可接受信用风险标准客户的赊销额,因此会限制企业的销售机会;如果企业执行的信用标准过于宽松,可能会对不符合可接受信用风险标准的客户提供赊销,因此会增加随后还款的风险并增加坏账费用。

(二)信用条件

信用条件是销货企业要求赊购客户支付货款的条件,由信用期限和现金折扣两个要素组成。规定信用条件包括设计销售合同或协议来明确规定在什么情形下可以给予信用。企业必须建立信息系统或购买软件对应收账款进行监控以保证信用条款的执行,并且查明顾客还款方式在总体和个体方面可能发生的变化。

(三)信用期间

监管逾期账款和催收坏账的成本影响企业的利润。根据相关会计准则的规定,不能收回的应收账款应该确认为坏账损失。多数企业根据过去的收款情况来估计坏账损失的数额并建立"坏账准备"账户,同时将坏账费用记入当期损益。信用政策的一个重要方面就是确定坏账费用和注销坏账费用的时间和金额。

催收逾期账款的成本可能很高。企业可以通过购买各种类型的补偿坏账损失的保险来降低坏账的影响。在评价赊销潜在的盈利能力时,必须对保险费进行成本-效益分析。

信用期间是企业允许顾客从购货到付款之间的时间,或者说是企业给予顾客的付款期间。例如,若某企业允许顾客在购货后 50 天内付款,则信用期为 50 天,信用期过短,不足以吸引顾客,在竞争中会使销售额下降;信用期过长,对销售额增加固然有利,但只顾及销售增长而盲目放宽信用期,所得到的收益有时会被增长的费用抵消,甚至造成利润减少。因此,企业必须慎重研究,确定出恰当的信用期。

信用期的确定,主要是分析改变现行信用期对收入和额成本的影响。延长信用期,会使销售额增加,产生有利影响;与此同时,应收账款、收账费用和坏账损失增加,会产生不利影响。当前者大于后者时,可以延长信用期,否则不宜延长。如果缩短信用期,情况与此相反。

【例 4-2】 A 公司目前采用 30 天按发票金额(即无现金折扣)付款的信用政策,拟将信用期间放宽至 60 天,仍按发票金额付款。假设该风险投资的最低报酬率为 15%,其他有关数据如表 4-1 所示。

表 4-1　信用期决策数据

项　目	信用期间（30 天）	信用期间（60 天）
"全年"销售量（件）	100 000	120 000
"全年"销售额（单价 5 元）	500 000	600 000
"全年"销售成本（元）：		
变动成本（每件 4 元）	400 000	480 000
固定成本（元）	50 000	50 000
毛利（元）	50 000	70 000
可能发生的收账费用（元）	3 000	4 000
可能发生的坏账损失（元）	5 000	9 000

注："全年"字样要特别注意，千万不能理解为"30 天内销售 100 000 件"及"60 天内销售 120 000 件"，正确的理解应为：在 30 天信用期和 60 天信用期两种销售政策下，年销售量分别为 100 000 件和 120 000 件。

在分析时，先计算放宽信用期得到的收益，然后计算增加的成本，最后根据两者比较的结果作出判断。

1. 收益增加。

收益的增加＝销售量的增加×单位边际贡献
　　　　　　＝（120 000－100 000）×（5－4）＝20 000（元）

2. 应收账款占用资金应计利息增加的计算。

（1）应收账款平均余额＝日销售额×信用期间或平均收现期

（若顾客主动遵守信用，没有延期付款的则为信用期，如果顾客拖延付款，则为平均收现期）

（2）应收账款占用资金＝应收账款平均余额×变动成本率

（3）应收账款占用资金的"应计利息"

　＝应收账款占用资金×资本成本
　＝应收账款平均余额×变动成本率×资本成本
　＝日销售额×信用期间或平均收现期×变动成本率×资本成本
　＝（全年销售额×变动成本率）/360×信用期间或平均收现期×资本成本
　＝全年销售变动成本/360×信用期间或平均收现期×资本成本

改变信用期间导致的应计利息增加

$= 60$ 天信用期应计利息 -30 天信用期应计利息

$$= \frac{600\,000}{360} \times 60 \times \frac{480\,000}{600\,000} \times 15\% - \frac{500\,000}{360} \times 30 \times \frac{400\,000}{500\,000} \times 15\%$$

$$= \frac{480\,000}{360} \times 60 \times 15\% - \frac{400\,000}{360} \times 30 \times 15\%$$

$$= 7\,000 \text{（元）}$$

3. 收账费用和坏账费用损失增加。

收账费用增加＝4 000－3 000＝1 000（元）

坏账损失增加＝9 000－5 000＝4 000（元）

4. 改变信用期的税前损益。

改变信用期间的税前损益＝收益增加－成本费用增加

＝20 000－7 000－1 000－4 000＝8 000（元）

由于收益的增加大于成本增加，故应采用 60 天信用期。

上述信用期分析的方法比较简略，可以满足一般制定信用政策的需要。如有必要，也可以进行更细致的分析，如进一步考虑：销售增加引起存货增加而占用的资金。

【例 4-3】 延续上例数据，假设上述 30 天信用期变为 60 天后，因销售量增加，年平均存货水平从 9 000 件上升到 20 000 件，每件存货按变动成本 4 元计算，其他情况依旧。

由于增添了新的存货增加因素，需要在原来分析的基础上，再考虑存货增加而多占资金所带来的影响，重新计算放宽信用期的损益。

存货增加而多占用资金的应计利息＝(20 000－9 000)×4×15%＝6 600（元）

改变信用期间的税前损益＝收益增加－成本费用增加

＝20 000－7 000－1 000－4 000－6 600＝1 400（元）

因为仍然可以获得税前收益，所以尽管会增加平均存货，还是应该采用 60 天的信用期。

更进一步的细致分析，还应考虑存货增加引起的应付账款的增加。这种负债的增加会节约企业的营运资金，减少营运资金的"应计利息"。因此，信用期变动的分析，一方面，要考虑对利润表的影响（包括收入、成本和费用）；另一方面，要考虑对资产负债表的影响（包括应收账款、存货、应付账款），并且要将对资金占用的影响用"资本成本"转化为"应计利息"，以便进行统一的得失比较。

此外，还有一个值得注意的细节，就是"应收账款占用资金"应当按"应收账款平均余额乘以变动成本率"计算确定。

（四）折扣条件

现金折扣是企业对顾客在商品价格上的扣减。向顾客提供这种价格上的优惠，主要目的在于吸引顾客为享受优惠而提前付款，缩短企业的平均收款期。另外，现金折扣也能招揽一些视折扣为减价出售的顾客前来购货，借此扩大销售量。

折扣的表示常用 5/10、3/20、N/30 这样的符号。这三个符号的含义分别为：5/10 表示 10 天内付款，可享受 5% 的价格优惠，即只需支付原价的 95%，如原价为 10 000 元，只需支付 9 500 元；3/20 表示 20 天内付款，可享受 3% 的价格优惠，即只需支付原价的 97%，若原价为 10 000 元，则只需支付 9 700 元；N/30 表示付款的最后期限为 30 天，此时付款无优惠。

因为现金折扣是与信用期间结合使用的,所以确定折扣程度的方法与程序实际上与前述确定信用期间的方法与程序一致,只不过要把所提供的延期付款时间和折扣综合起来,计算各方案的延期与折扣能取得多大的收益增量,再计算各方案带来的成本变化,最终确定最佳方案。

【例4-4】 沿用上述信用期决策的数据,假设该公司在放宽信用期的同时,为了吸引顾客尽早付款,提出了0.8/30,N/60的现金折扣条件,估计会有一半的顾客(按60天信用期所能实现的销售量计算)将享受现金折扣优惠。

1. 收益的增加。

收益的增加=销售量的增加×单位边际贡献
$$=(120\ 000-100\ 000)\times(5-4)=20\ 000(元)$$

2. 应收账款占用资金的应计利息增加。

30天信用期应计利息 $=\dfrac{500\ 000}{360}\times 30\times\dfrac{400\ 000}{500\ 000}\times 15\%=5\ 000$(元)

提供现金折扣的应计利息

$$=\dfrac{600\ 000\times 50\%}{360}\times 60\times\dfrac{480\ 000\times 50\%}{600\ 000\times 50\%}\times 15\%+\dfrac{600\ 000\times 50\%}{360}\times 30\times\dfrac{480\ 000\times 50\%}{600\ 000\times 50\%}\times 15\%$$

$=6\ 000+3\ 000=9\ 000$(元)

应收账款占用资金的应计利息增加=9 000-5 000=4 000(元)

3. 收账费用和坏账损失增加。

收账费用增加=4 000-3 000=1 000(元)

坏账损失增加=9 000-5 000=4 000(元)

4. 估计现金折扣成本的变化。

现金折扣成本增加=新的销售水平×新的现金折扣率×享受现金折扣的顾客比例-旧的销售水平×旧的现金折扣率×享受现金折扣的顾客比例

=600 000×0.8%×50%-500 000×0×0=2 400(元)

5. 提供现金折扣后的税前损益。

收益增加-成本费用增加=20 000-(4 000+1 000+4 000+2 400)=8 600(元)

由于可获得税前收益,故应当放宽信用期,提供现金折扣。

四、应收账款的监控

实施信用政策时,企业应当监督和额控制每一笔应收账款和应收账款总额。例如,可以运用应收账款周转天数衡量企业需要多长时间收回应收账款,可以通过账龄分析表追踪每一笔应收账款,可以采用ABC分析法来确定重点监控的对象等。

(一)应收账款周转天数

应收账款周转天数或平均收账期是衡量应收账款管理状况的一种方法。应收账款周转天数的计算方法为:将期末在外的应收账款除以该期间的平均日赊销额。应

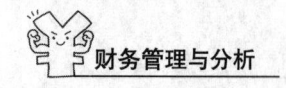

收账款周转天数提供了一个简单的指标,将企业当前的应收账款周转天数与规定的信用期限、历史趋势以及行业正常水平进行比较可以反映企业整体的收款效率。然而,应收账款周转天数可能会被销售量的变动趋势和销售的剧烈波动以及季节性销售所破坏。

【例 4-5】 下例提供了一个计算 90 天期应收账款周转天数的基本方法。在没有考虑该期间销售方式的情况下所计算出的平均每日销售额为 3 444.44 元。

假设 20××年 3 月底的应收账款为 285 000 元,信用条件为在 60 天按全额付清货款,过去三个月的赊销情况为:

1 月份:90 000 元

2 月份:105 000 元

3 月份:115 000 元

应收账款周转天数的计算:

$$平均日销售额 = \frac{900\,000 + 105\,000 + 115\,000}{90} = 3\,444.44(元)$$

$$应收账款周转天数 = \frac{期末应收账款}{平均日销售额} = \frac{295\,000}{3\,444.44} \approx 82.74(天)$$

平均逾期天数的计算:

平均逾期天数 = 应收账款周转天数 − 平均信用期天数 = 82.74 − 60 = 22.74(天)

(二)账龄分析表

账龄分析表将应收账款划分为未到信用期的应收账款和以 30 天为间隔的逾期应收账款,这是衡量应收账款管理状况的另外一种方法。企业既可以按照应收账款总额进行账龄分析,也可以分顾客进行账龄分析。账龄分析发可以确定逾期应收账款,随着逾期时间的增加,应收账款收回的可能性变小。假定信用期限为 30 天,表 4-2 中的账龄分析表反映出 30%的应收账款为逾期收款。

表 4-2 账龄分析表

账龄(天)	应收账款金额(元)	占应收账款总额的百分比(%)
0~30	1 750 000	70
31~60	375 000	15
61~90	250 000	10
91 以上	125 000	5
合计	2 500 000	100

账龄分析表比计算应收账款周转天数更能揭示应收账款变化趋势,因为账龄分析表给出了应收账款分布的模式,而不仅仅是一个平均数。应收账款周转天数有可能与信用期限相一致,但是有一些账户可能拖欠很严重。因此应收账款周转天数不能明确地表现出账款拖欠情况。当各个月之间的销售额变化很大时,账龄分析表和应收账款周转天数都可能发出类似的错误信号。

（三）应收账款账户余额的模式

账龄分析表可以用于建立应收账款余额的模式，这是重要的现金流预测工具。应收账款余额的模式反映一定期间（如一个月）的赊销额在发生赊销的当月月末及随后的各月仍未偿还的百分比。企业收款的历史决定了其正常的应收账款余额的模式。企业管理部门通过将当前的模式和过去的模式进行对比来评价应收账款余额模式的任何变化。企业还可以运用应收账款账户余额的模式来进行应收账款金额水平的计划，衡量应收账款的收账效率以及预测未来的现金流。

【例 4-6】 下面的例子说明 1 月的销售在 3 月末应收账款为 50 000 元。

表 4-3　各月销售及收款情况

金额单位：元

1 月份销售：			250 000.00
1 月份收款（销售额的 5%）	0.05×250 000	=	12 500.00
2 月份收款（销售额的 40%）	0.40×250 000	=	100 000.00
3 月份收款（销售额的 35%）	0.35×250 000	=	87 500.00
收款合计			200 000.00
1 月份的销售仍未收回的应收账款：	250 000−200 000	=	50 000.00

计算未收回应收账款的另一个方法是将销售三个月后未收回销售额的百分比（20%）乘以销售额 250 000 元，即：

$$0.2 \times 250\,000 = 50\,000（元）$$

然而，在实现世界中，有一定比例的应收账款会逾期或者会发生坏账。对应收账款账户余额的模式稍作调整可以反映这些项目。

【例 4-7】 为了简便体现，假设没有坏账费用，收款模式如表 4-4 所示：

（1）销售的当月收回销售额的 5%；

（2）销售后的第一个月收回销售额的 40%；

（3）销售后的第二个月收回销售额的 35%；

（4）销售后的第三个月收回销售额的 20%。

表 4-4　各月应收账款账户余额模式

月份	销售额（元）	月销售中于 3 月底未收回的金额（元）	月销售中于 3 月底仍未收回的百分比（%）
1 月	250 000	50 000	20
2 月	300 000	165 000	55
3 月	400 000	380 000	95
4 月	500 000		

3 月末应收账款余额合计为：50 000＋165 000＋380 000＝595 000（元）

4月份现金流入估计＝4月销售额的5%＋3月销售额的40%
　　　　　　　　＋2月销售额的35%＋1月销售额的20%
估计的4月现金流入 =（0.05×500 000）+（0.40×400 000）
　　　　　　　　　＋（0.35×300 000）+（0.20×250 000）
　　　　　　　　＝340 000（元）

（四）ABC分析法

ABC分析法是现代经济管理中广泛应用的一种"抓重点、照顾一般"的管理方法，又称重点管理法。它将企业的所有欠款客户按其金额的多少进行分类排队，然后分别采用不同的收账策略的一种方法。它一方面年加快应收账款收回，另一方面能将收账费用与预期收益联系起来。

例如，某企业应收账款逾期金额为260万元，为了及时收回逾期货款，企业采用ABC分析法来加强应收账款回收的监控。具体数据如表4-5所示。

先按所有客户应收账款逾期金额的多少分类排队，并计算出逾期金额所占比重。从表4-5中可以看出，应收账款逾期金额在25万元以上的有3家,占客户总数的6%,逾期总额为165万元，占应收账款逾期金额总额的63.46%，我们将其划入A类，这类客户作为催款的重点对象。应收账款逾期金额在10万~25万元的客户有5家，占客户总数的10%，其逾期金额占应收账款逾期金额总数的30.77%，我们将其划入B类，欠款在10万元以下的客户有42家，占客户总数的84%，但其逾期金额仅占应收账款逾期金额总额的5.77%，我们将其划入C类。

表4-5　欠款客户ABC分类法（共50家客户）

顾客	逾期金额（万元）	逾期期限	逾期金额所占比重（%）	类别
A	85	4个月	32.69	
B	46	6个月	17.69	A
C	34	3个月	13.08	
小计	165		63.46	
D	24	2个月	9.23	
E	19	3个月	7.31	
F	15.5	2个月	5.96	B
G	11.5	55天	4.42	
H	10	40天	3.85	
小计	80		30.77	
I	6	30天	2.31	
J	4	28天	1.54	C
…	…	…	…	
小计	15		5.77	
合计	260		100	

对这三类不同的客户，应采取不同的收款策略。例如，对 A 类客户，可以发出措辞较为严厉的信件催收，或派专人催收，或委托收款代理机构处理，甚至可通过法律解决；对 B 类客户则可以多发几封信函催收，或打电话催收；对 C 类客户只需要发出通知其付款的信函即可。

第四节 存货管理

一、存货的功能

存货是指企业在生产经营过程中为销售或者耗用而储备的物资，包括材料、燃料、低值易耗品、在产品、半成品、产成品、协作件、商品等。存货管理水平的高低直接影响着企业的生产经营能否顺利进行，并最终影响企业的收益、风险等状况。因此，存货管理是财务管理的一项重要内容。

存货管理的目标，就是要尽力在各种存货成本与存货效益之间作出权衡，在充分发挥存货功能的基础上，降低存货成本，实现两者的最佳组合。存货的功能是指存货在企业生产经营过程中起到的作用。具体包括以下几个方面：一是保证生产正常进行；二是有利于销售；三是便于维持均衡生产，降低产品成本；四是降低存货取得成本；五是防止意外事件的发生。

二、存货的持有成本

与持有成本有关的成本，包括以下三种：

（一）取得成本

取得成本指为取得某种存货而支出的成本，通常用 TC_a 来表示。其又分为订货成本和购置成本。

1. 订货成本。

订货成本指取得订单的成本，如办公费、差旅费、邮资、电报电话费、运输费等支出。订货成本中有一部分与订货次数无关，如常设采购机构的基本开支等，称为固定的订货成本，用 F_1 表示；另一部分与订货次数有关，如差旅费、邮资等，称为订货的变动成本。每次订货的变动成本用 K 表示；订货次数等于存货年需要量 D 与每次进货量 Q 之商。订货成本的计算公式为：

$$订货成本 = F_1 + \frac{D}{Q} K$$

2. 购置成本。

购置成本指为购买存货本身所支出的成本，即存货本身的价值，经常用数量与单价的乘积来确定。年需要量用 D 表示，单价用 U 表示，于是购置成本为 DU。

订货成本加上购置成本，就等于存货的取得成本。其公式可表达为：

取得成本＝订货成本＋购置成本＝订货固定成本＋订货变动成本＋购置成本

$$TC_{\alpha} = F_1 + \frac{D}{Q}K + DU$$

（二）储存成本

储存成本指为保持存货而发生的成本，包括存货占用资金所应计的利息、仓库费用、保险费用、存货破损和变质损失，等等，通常用 TC_c 来表示。

储存成本也分为固定成本和变动成本。固定成本与存货数量的多少无关，如仓库折旧、仓库职工的固定工资等，常用 F_2 表示。变动成本与存货的数量有关，如存货资金的应计利息、存货的破损和变质损失、存货的保险费用等，单位储存变动成本用 K_c 来表示。用公式表达的储存成本为：

储存成本＝储存固定成本＋储存变动成本

$$TC_c = F_2 + K_c \frac{D}{2}$$

（三）缺货成本

缺货成本指由于存货供应中断而造成的损失，包括材料供应中断造成的停工损失、产成品库存缺货造成的拖欠发货损失和丧失销售机会的损失及造成的商誉损失等；如果生产企业以紧急采购代用材料解决库存材料中断之急，那么缺货成本表现为紧急额外购入成本。缺货成本用 TC_s 表示。

如果以 TC 来表示储备存货的总成本，它的计算公式为：

$$TC = TC_{\alpha} + TC_c + TC_s = F_1 + \frac{D}{Q}K + DU + F_2 + K_c \frac{Q}{2} + TCs$$

企业存货的最优化，就是使企业存货总成本即上式 TC 值最小。

三、最优存货量的确定

（一）经济经货模型

经济订货模型是建立在一系列严格假设基础上的。这些假设包括：（1）存货总需求量是已知常数；（2）订货提前期是常数；（3）货物是一次性入库；（4）单位货物成本为常数，无批量折扣；（5）库存持有成本与库存水平呈线性关系；（6）货物是一种独立需求的物品，不受其他货物影响。

【例 4-8】假设某公司每年所需的原材料为 104 000 件。即每周平均消耗 2 000 件。如果我们每次订购 10 000 件，则可够公司 5 周的原材料需要。5 周后，原材料存货降至零，同时一批新的订货又将入库。现设公司决定改变每次订货量为 5 000 件。这样，每次订货只能供公司两周半生产所需，订货的次数较前者增加了一倍，但平均库存水平元只有前者一半。

本例中，存货的相关成本表现为订货成本和持有成本。订货成本与订货次数成本正比关系，而持有成本则与存货平均水平成正比关系。设公司每次订货费用为 20

元,存货年持有费率为每件 0.8 元。则与订货批量有关的存货的年总成本 TIC:

$$\text{TIC}=20\times\frac{104\,000}{Q}+\frac{Q}{2}\times 0.8$$

式中：Q——每次订货批量。

我们的目的是要使公司 TIC 最小化。由此例,我们可抽象出经济订货模型。存货的总成本为:

$$\text{TIC}=K\times\frac{D}{Q}+\frac{Q}{2}\times K_c$$

式中：TIC——与订货批量有关的每期存货的总成本;
　　　D——每期对存货的总需求;
　　　Q——每次订货批量;
　　　K——每次订货费用;
　　　K_c——每期单位存货持有费。

使 TIC 最小的批量 Q 即为经济订货批量 EOQ。利用数学知识,可推导出:

$$\text{EOQ}=\sqrt{\frac{2KD}{K_c}} \qquad \text{TIC}=\sqrt{2KDK_c}$$

从该公式,我们可算出公司的经济订货批量和最小存货成本:

$$\text{EOQ}=\sqrt{\frac{2\times 104\,000\times 20}{0.8}}=2\,280.35（件）$$

$$\text{TIC}=\sqrt{2KDK_c}=\sqrt{2\times 20\times 0.8\times 104\,000}=1\,824.28（元/件）$$

订货批量存货与成本、订货费用、持有成本的关系如图 4-3 所示。

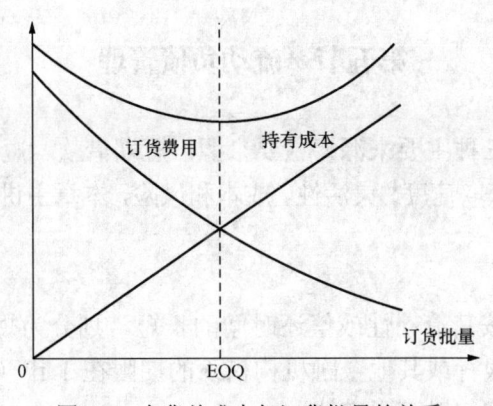

图 4-3　存货总成本与订货批量的关系

有很多方法来扩展经济订货模型,以使其适用范围更广。事实上,许多存货模型研究都是立足于经济订货模型,但扩展了其假设。

（二）保险储备

前面讨论的经济订货量是以供需稳定为前提的。但实际情况并非完全如此，企业对存货的需求量可能发生变化，交货时间也可能会延误。在交货期内，如果发生需求量增大或交货时间延误，就会发生缺货。为防止由此造成的损失，企业恶英有一定的保险储备。图 4-4 显示了在具有保险储备时的存货水平。图中，在再订货点，企业按 EOQ 订货。在交货期内，如果对存货的需求量很大，或交货时间由于某种原因被延误，企业可能发生缺货。为防止存货中断，再订货点应等于交货期内的预计需求与保险储备之和。即：

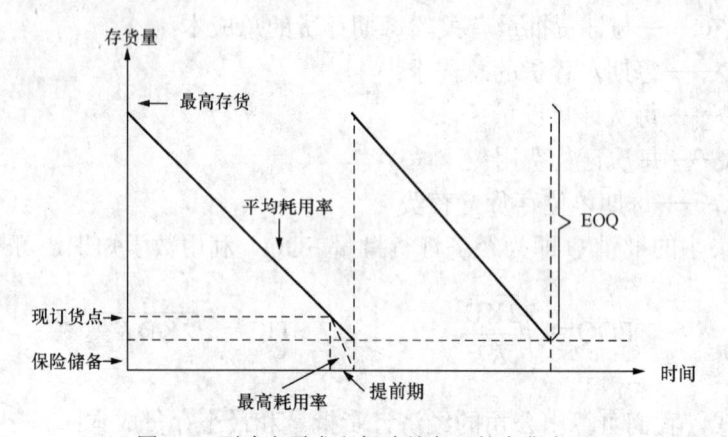

图 4-4　不确定需求和保险储备下的存货水平

再订货点＝预计交货期内的需求＋保险储备

企业应保持多少保险储备合适取决于存货中断的概率和存货中断的损失。较高的保险储备可降低缺货损失，但也增加了存货的持有成本。因此，最佳的保险储备应该是使缺货损失和保险储备的持有成本之和达到最低。

第五节　流动负债管理

流动负债主要有三种主要来源：主要来源：短期借款、短期融资券、商业信用，各种来源具有不同的获取速度、灵活性、成本和风险，本章主讲短期借款和商业信用。

一、短期借款

企业的借款通常按其流动性或偿还时间的长短，划分为短期借款和长期借款。短期借款是指企业同银行或其他金融机构借入的期限在 1 年（含 1 年）以下的各种借款。短期借款通常规定以下内容：

（一）信贷额度

信贷额度亦即贷款限额，是借款企业与银行在协议中规定的借款最高限额，信贷额度的有效期限通常为 1 年。一般情况下，在信贷额度内，企业可以随时按需要支用借款。但是，银行并不承担必须贷款的义务。如果企业信誉恶化，即使在信贷限额内，企业也可能得不到借款。此时，银行不会承担法律责任。

（二）周转信贷协定

周转信贷协定是银行具有法律义务地承诺提供不超过某一最高限额的贷款协定。在协定的有效期内，只要企业借款总额未超过最高限额，银行必须满足企业任何时候提出的借款要求。企业要享用周转信贷协定，通常要对贷款限额的未使用部分付给银行一笔承诺费用。

【例4-9】 某企业与银行商定的周转信贷额度为5 000万元，年度内实际使用了2 800万元，承诺费率为0.5%，企业应向银行支付的承诺费为：

$$信贷承诺费=（5\ 000-2\ 800）\times 0.5\%=11（万元）$$

（三）补偿性余额

补偿性余额是银行要求借款企业在银行中保持按贷款限额或实际借用额一定比例计算的最低存款余额。对于银行来说，补偿性余额有助于降低贷款风险，补偿其可能遭受的风险；对借款企业来说，补偿性余额则提高了借款的实际利率，加重了企业的负担。

【例4-10】 某企业向银行借款800万元，利率为6%，银行要求保留10%的补偿性余额，则企业实际可动用的贷款为720万元，该贷款的实际利率为：

$$借款实际利率=\frac{900\times 6\%}{720}=\frac{6\%}{1-10\%}=6.67\%$$

（四）贴现法计息

银行借款利息的支付方式一般为利随本清法，又称收款法，即在借款到期时向银行支付利息。但有时银行要求采用贴现法，即银行向企业发放贷款时，先从本金中扣除利息，而到期时借款企业再偿还全部本金。采用这种方法，企业可利用的贷款额只有本金扣除利息后的差额部分，从而提高了贷款的实际利率。

【例4-11】 某企业从银行取得借款200万元，期限1年，利率6%，利息12万元。按贴现法付息，企业实际可动用的贷款为188万元，该借款的实际利率为：

$$借款实际利率=\frac{200\times 6\%}{188}=\frac{6\%}{1-6\%}=6.38\%$$

二、商业信用

商业信用是指企业在商品或劳务交易中，以延期付款或预收货款方式进行购销活动而形成的借贷关系，是企业之间的直接信用行为，也是企业短期资金的重要来源。商业信用产生于企业生产经营的商品、劳务交易之中，是一种"自动性筹资"。

（一）商业信用的形式

1. 应付账款。

应付账款是供应商给企业提供的一个商业信用。由于购买者往往在到货一段时间后才付款，商业信用就成为企业短期资金来源。如企业规定对所有账单均见票后若干日付款，商业信用就成为随生产周转而变化的一项内在的资金来源。当企业扩大生产规模，其进货和应付账款相应增长，商业信用就提供了增产需要的部分资金。

商业信用条件常包括以下两种：(1) 有信用期，但无现金折扣。如"N/30"表示 30 天内按发票金额全数支付。(2) 有信用期和现金折扣，如"2/10，N/30"表示 10 天内付款享受现金折扣 2%，若买方放弃折扣，30 天内必须付清款项。

供应商在信用条件中规定有现金折扣，目的主要在于加速资金回收。企业在决定是否享受现金折扣时，应仔细考虑。通常，放弃现金折扣的成本是高昂的。

(1) 放弃现金折扣的信用成本。倘若买方企业购买货物后在卖方规定的折扣期内付款，可以获得免费信用，这种情况下企业没有因为取得延期付款信用而付出代价。例如，某应付账款规定付款信用条件为"2/10，N/30"，是指买方在 10 天内付款，可获得 2%的付款折扣，若在 10 天至 30 天内付款，则无折扣；允许买方付款期限最长为 30 天。

【例 4-12】 某企业按"2/10，N/30"的付款条件购入货物 60 万元。如果企业在 10 天以后付款，便放弃了现金折扣 1.2 万元（60 万元×2%），信用额为 58.8 万元（60 万元－1.2 万元）。放弃现金折扣的信用成本为：

$$放弃折扣的信用成本率 = \frac{折扣\%}{1-折扣\%} \times \frac{360天}{付款期(信用期)-折扣期}$$

$$= \frac{2\%}{1-2\%} \times \frac{360}{30-10} = 36.73\%$$

公式表明，放弃现金折扣的信用成本率与折扣百分比大小、折扣期长短和付款期长短有关，与货款额和折扣额没有关系。如果企业在放弃折扣的情况下，推迟付款的时间越长，其信用成本便会越小，但展期信用的结果是企业信誉恶化导致信用度的严重下降，日后可能招致更加苛刻的信用条件。

(2) 放弃现金折扣的信用决策。企业放弃应付账款现金折扣的原因，可能是企业资金暂时的缺乏，也可能是基于将应付的账款用于临时性短期投资，以获得更高的投资收益。如果企业将应付账款额用于短期投资，所获得的投资报酬率高于放弃折扣的信用成本率，则应当放弃现金折扣。

【例 4-13】 公司采购一批材料，供应商报价为 1 万元，付款条件为 3/10、2.5/30、1.8/50、N/90。目前企业用于支付账款的资金需要在 90 天时才能周转回来，在 90 天内付款，只能通过银行借款解决。如果银行利率为 12%，确定公司材料采购款的付款时间和价格。

根据放弃折扣的信用成本率计算公式，10 天付款方案，放弃折扣的信用成本率为 13.92%；30 天付款方案，放弃折扣的信用成本率为 15.38%；50 天付款方案，放弃折扣的信用成本率为 16.50%。由于各种方案放弃折扣的信用成本率均高于借款利息率，因此初步结论是要取得现金折扣，借入银行借款以偿还货款。

10 天付款方案，得折扣 300 元，用资 9 700 元，借款 80 天，利息 258.67 元，净收益 41.33 元；

30 天付款方案，得折扣 250 元，用资 9 750 元，借款 60 天，利息 195 元，净收益 55 元；

50 天付款方案，得折扣 180 元，用资 9 820 元，借款 40 天，利息 130.93 元，净收益 49.07 元。

总结论：第 30 天付款是最佳方案，其净收益最大。

2. 应计未付款。

应计未付款是企业在生产经营和利润分配过程中已经计提但尚未以货币支付的款项。主要包括应付工资、应缴税金、应付利润或应付股利等。以应付工资为例，企业通常以半月或月为单位支付工资，在应付工资已计但未付的这段时间，就会形成应计未付款。它相当于职工给企业的一个信用。应缴税金、应付利润或应付股利也有类似的性质。应计未付款随着企业规模的扩大而增加，企业使用这些自然形成的资金无需付出任何代价。但企业不是总能控制这些款项，因为其支付是有一定时间的，企业不能总拖欠这些款项。所以，企业尽管可以充分利用应计未付款，但并不能控制这些账目的水平。

3. 预收货款。

预收货款，是指销货单位按照合同和协议规定，在发出货物之前向购货单位预先收取部分或全部货款的信用行为。购买单位对于紧俏商品往往乐于采用这种方式购货；销货方对于生产周期长，造价较高的商品，往往采用预收货款方式销货，以缓和本企业资金占用过多的矛盾。

练 习 题

一、单项选择题

1. 在流动资产的融资战略中，使用短期融资最多的是（　　）。
   A. 期限匹配融资战略　　　　　　B. 保守融资战略
   C. 激进融资战略　　　　　　　　D. 紧缩的融资战略

2. 下列各项中，不影响企业流动资产投资战略选择的是（　　）。
   A. 企业对风险和收益的权衡
   B. 影响企业政策的决策者
   C. 产业因素
   D. 利率在短期、中期、长期负债之间的差异的影响

3. 以下成本中，属于固定储存成本的是（　　）。
   A. 仓库折旧　　　　　　　　　　B. 存货资金的应计利息

C. 存货的破损和变质损失　　　　D. 存货的保险费用

4. 某企业每年耗用某种原材料 3 600 千克,该材料的单位成本为 20 元,单位材料年持有成本为 1 元,一次订货成本 50 元,则下列说法正确的是（　　）。

　　A. 该企业的经济订货批量为 300 千克,最小存货成本为 3 000 元
　　B. 该企业的经济订货批量为 600 千克,最小存货成本为 600 元
　　C. 该企业的经济订货批量为 600 千克,最小存货成本为 300 元
　　D. 该企业的经济订货批量为 600 千克,最小存货成本为 6 000 元

5. 在现金管理中,下列说法不正确的是（　　）。

　　A. 拥有足够的现金对于降低企业风险,增强企业资产的流动性和债务的可清偿性有着重要的意义
　　B. 企业持有现金的目的是应付日常的业务活动
　　C. 一个希望尽可能减少风险的企业倾向于保留大量的现金余额,以应付其交易性需求和大部分预防性资金需求
　　D. 除了交易性需求、预防性需求和投机性需求外,许多公司持有现金是作为补偿性余额

6. 某公司的现金最低持有量为 1 500 元,现金回归线为 8 000 元。如果公司现有现金 22 000 元,根据现金持有量的随机模型,此时应当投资于有价证券的金额为（　　）元。

　　A. 14 000　　　B. 6 500　　　C. 12 000　　　D. 1 000

7. 在集团企业资金集中管理模式中,有利于企业集团实现全面收支平衡,提高资金的周转效率,减少资金沉淀,监控现金收支,降低资金成本的是（　　）。

　　A. 统收统支模式　　　　　　　B. 拨付备用金模式
　　C. 结算中心模式　　　　　　　D. 财务公司模式

8. 某企业年销售收入为 108 万元,信用条件为"1/10,n/30"时,预计有 20%的客户选择享受现金折扣,其余客户在信用期付款,变动成本率为 50%,资金成本率为 10%,则应收账款机会成本为（　　）元。（1 年按 360 天计算）

　　A. 78 000　　　B. 39 000　　　C. 3 900　　　D. 7 800

9. 某企业按年利率 6%向银行借款 1 000 万元,银行要求保留 10%的补偿性余额,同时要求按照贴现法计息,则这项借款的实际利率约为（　　）。

　　A. 6.67%　　　B. 6.38%　　　C. 7.14%　　　D. 6%

10. 某企业按照"2/10,n/60"的信用条件购进一批商品。若企业放弃现金折扣,在信用期内付款,则放弃现金折扣的机会成本为（　　）。

　　A. 20.41%　　　B. 12.24%　　　C. 14.7%　　　D. 20%

二、多项选择题

1. 现金折扣是企业对顾客在商品价格上的扣减。向顾客提供这种价格上的优惠,

可以达到的目的有（　　）。
    A. 缩短企业的平均收款期　　　　B. 扩大销售量
    C. 增加收益　　　　　　　　　　D. 减少成本

2. 下列说法正确的有（　　）。
    A. 营运资金的管理既包括流动资产的管理，也包括流动负债的管理
    B. 流动资产是指可以在一年以内或超过一年的一个营业周期内变现或运用的资产
    C. 流动资产的数量会随着企业内外条件的变化而变化，时高时低，波动很大
    D. 企业占用在流动资产上的资金，通常会在一年内收回

3. 发行短期融资券筹资的特点包括（　　）。
    A. 筹资成本较低　　　　　　　　B. 筹资弹性比较大
    C. 筹资条件比较严格　　　　　　D. 筹资数额比较小

4. 下列关于商业信用筹资特点的说法正确的有（　　）。
    A. 商业信用容易获得　　　　　　B. 企业一般不用提供担保
    C. 商业信用筹资成本高　　　　　D. 容易恶化企业的信用水平

5. 下列关于营运资金管理原则的说法，正确的有（　　）。
    A. 营运资金的管理必须把提高资金使用效率作为首要任务
    B. 加速资金周转是提高资金使用效率的主要手段之一
    C. 企业要千方百计加速存货，应收账款等流动资产的周转
    D. 保持足够的偿债能力是营运资金的管理原则之一

6. 大华公司的现金部经理决定最低现金控制线为 20 000 元，估计该公司每日现金流量的方差为 360 000 元，持有现金的年机会成本为 9%，每次的转换成本 T 为 210 元，则下列结论正确的有（　　）。（一年按 360 天计算；计算结果保留整数）
    A. 现金回归线＝433 826 元　　　B. 现金回归线＝26 098 元
    C. 最高控制线＝38 294 元　　　　D. 最高控制线＝126 1478 元

7. 现金支出管理的主要任务是尽可能延缓现金的支出时间，下列属于延缓现金支出时间的方法有（　　）。
    A. 使用现金浮游量　　　　　　　B. 透支
    C. 使用零余额账户　　　　　　　D. 推迟应付款的支付

8. 在应收账款管理中，下列说法正确的有（　　）。
    A. 应收账款的主要功能是增加销售和减少存货
    B. 应收账款的成本主要包括机会成本.管理成本和坏账成本
    C. 监管逾期账款和催收坏账的成本会影响公司的利润
    D. 信用期的确定，主要是分析改变现行信用期对成本的影响

9. 对于企业而言，应收账款保理的理财作用主要表现在（　　）。
    A. 融资功能　　　　　　　　　　B. 减轻企业应收账款的管理负担

C. 减少坏账损失，降低经营风险　　D. 改善企业的财务结构

10. 下列关于应收账款日常管理的表述中，正确的有（　　）。

　　A. 应收账款的日常管理工作包括对客户的信用调查和分析评价，应收账款的催收工作等

　　B. 企业对顾客进行信用调查的主要方法是直接调查法和间接调查法

　　C. 应收账款的保理可以分为有追索权保理、无追索权保理、明保理和暗保理

　　D. 到期保理是指保理商并不提供预付账款融资，而是在赊销到期时才支付，届时不管货款是否收到，保理商都必须向销售商支付货款

11. 下列各项中，属于存货"缺货成本"的有（　　）。

　　A. 停工损失　　　　　　　　　B. 产成品缺货造成的拖欠发货损失
　　C. 丧失销售机会的损失　　　　D. 存货资金的应计利息

12. 经济订货模型是建立在一系列严格假设基础之上的，这些假设包括（　　）。

　　A. 存货总需求量是已知常数　　B. 订货提前期是常数
　　C. 货物是一次性入库　　　　　D. 单位货物成本为常数，无批量折扣

三、判断题

1. 现金浮游量是指由于企业提高收款效率和缩短付款时间所产生的企业账户上的现金余额和银行账户上的企业存款余额之间的差额。（　　）

2. 某企业年初从银行贷款 200 万元，期限为 1 年，年利率为 8%，按照贴现法付息，则年末应偿还的金额为 216 万元。（　　）

3. 如果某企业存货周转期为 40 天，应收账款周转其为 30 天，应付账款周转期为 35 天，则现金周转期＝40＋30－35＝35（天）。（　　）

4. 在应收账款管理中，信用政策必须明确地规定信用标准、信用条件、信用期间和折扣条件。（　　）

5. 在存货管理中，与持有存货有关的成本，包括取得成本和储存成本。（　　）

6. 如果企业信誉恶化，即使在信贷额度内，企业也可能得不到借款，此时，银行不会承担法律责任。（　　）

7. 在存货管理中，与持有存货有关的成本，包括取得成本、储存成本和短缺成本。（　　）

8. 在 5C 信用评价系统中，能力是指如果企业或个人当前的现金流不足以还债，他们在短期和长期内可供使用的财务资源。（　　）

9. 信用条件是指销货企业要求赊购客户支付货款的条件，由信用期限、信用标准和现金折扣三个要素组成。（　　）

10. 如果企业执行的信用标准过于严格，可能会限制公司的销售机会。如果企业执行的信用标准过于宽松，可能会增加随后还款的风险并增加坏账费用。（　　）

四、思考题

1. 某公司的年赊销收入为 720 万元，平均收账期为 60 天，坏账损失为赊销额的 10%，年收账费用为 5 万元。该公司认为通过增加收账人员等措施，可以使平均收账期降为 50 天，坏账损失降为赊销额的 7%。假设公司的资本成本率为 6%，变动成本率为 50%。

要求：计算为使上述变更经济合理，新增收账费用的上限（每年按 360 天计算）。

2. 某企业每年需要耗用甲种原材料 7 200 件，单位材料年持有费率为 9 元，平均每次订货费用为 225 元，该材料全年平均单价为 300 元。假设不存在数量折扣，不会出现陆续到货和缺货的现象。

要求：
（1）计算甲材料的经济订货批量；
（2）计算甲材料的年度订货批数；
（3）计算甲材料的相关储存成本；
（4）计算甲材料的相关订货成本
（5）计算甲材料的经济订货批量平均占用资金。

3. 某公司每年需要某种原材料 360 000 千克，已经得到经济订货批量为 90 000 千克，材料单价为 15 元，单位材料年持有成本为 2 元，单位缺货成本为 8 元。到货期及其概率分布如下：

天数	8	9	10	11	12
概率	0.1	0.2	0.4	0.2	0.1

要求：确定企业合理的保险储备和再订货点。（以 1000 千克为间隔，一年按 360 天计算）

4. 某企业上年销售收入为 4 000 万元，总成本为 3 000 万元，其中固定成本为 600 万元。假设今年该企业变动成本率维持在上年的水平，现有两种信用政策可供选用：

乙方案给予客户 45 天信用期限（n/45），预计销售收入为 5 000 万元，货款将于第 45 天收到，其收账费用为 20 万元，坏账损失率为货款的 2%；

甲方案的信用政策为（2/10，1/20，n/90），预计销售收入为 5 400 万元，将有 30% 的货款于第 10 天收到，20% 的货款于第 20 天收到，其余 50% 的货款于第 90 天收到（前两部分货款不会产生坏账，后一部分货款的坏账损失率为该部分货款的 4%），收账费用为 50 万元。该企业 A 产品销售额的相关范围为 3 000 万～6 000 万元，企业的资本成本率为 8%（为简化计算，本题不考虑增值税因素）。

要求：
（1）计算该企业上年的下列指标：
① 变动成本总额；

② 以销售收入为基础计算的变动成本率；
(2) 计算甲、乙两方案的收益之差；（提示：边际贡献率＝1－变动成本率）
(3) 计算乙方案的应收账款相关成本费用；
(4) 计算甲方案的应收账款相关成本费用；
(5) 计算甲、乙两方案税前收益之差，在甲、乙两个方案之间做出选择。

第五章　收益与分配管理

知识目标：
1. 收入管理
2. 成本费用管理模式

技能目标：
1. 掌握以成本为基础的定价方法进行销售定价管理
2. 掌握责任中心及考核指标

第一节　收益与分配管理概述

收益与分配管理是对企业收益与分配的主要活动及其形成的财务关系的组织与调节，是企业将一定时期内所创造的经营成果合理地在企业内、外部各利益相关者之间进行有效分配的过程。企业的收益分配有广义和狭义两种概念。广义的收益分配是指对企业的收入和净利润进行分配，包含两个层次的内容：第一层次是对企业收入的分配；第二层次是对企业净利润的分配。狭义的收益分配则仅仅是指对企业净利润的分配。本章所指收益分配采用广义的收益分配概念，即对企业收入和净利润的分配。

一、收益分配管理的意义

收益与分配管理作为现代企业财务管理的重要内容之一，对于维护企业与各相关利益主体的财务管理、提升企业价值具有重要意义。具体而言，企业收益与分配管理的意义表现在以下三个方面：
（1）收益分配集中体现了企业所有者、经营者与职工之间的利益关系；
（2）收益分配是企业再生产的条件以及优化资本结构的重要措施；
（3）收益分配是国家建设资金的重要来源之一。

二、收益分配的原则

收益分配作为一项重要的财务活动，应当遵循以下原则：
（1）依法分配原则；
（2）分配与积累并重原则；
（3）兼顾各方利益原则；

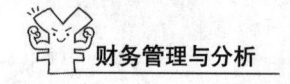

(4)投资与收益对等原则。

三、收益与分配管理的内容

企业通过销售产品、提供劳务、转让资产使用权等活动取得收入，而这些收入的去向主要是两个方面：一是弥补成本费用，即为取得收入而发生的资源耗费；二是形成利润，即收入匹配成本费用后的余额。收入、成本费用和利润三者之间的关系可以简单表述为：

$$收入-成本费用=利润$$

（一）收入管理

收入是企业收益分配的首要对象。企业的收入多种多样，其中，销售收入是指企业在日常经营活动中，由于销售产品、提供劳务等所形成的货币收入。这是企业收入的主要构成部分，是企业能够持续经营的基本条件。企业的再生产过程包括供应、生产和销售三个相互联系的阶段。企业只有把生产出来的产品及时销售出去，取得销售收入，才能保证再生产过程的继续进行。

销售收入的制约因素主要是销量与价格。由于企业一般是按照"以销定产"的原则组织生产，那么对于销售量的预测便显得尤为重要。科学的销售预测可以加速企业的资金周转，提高企业的经济效益。产品价格是企业获得市场占有率、提升产品竞争能力的重要因素。产品价格的制定直接或间接地影响着销售收入。一般来说，价格与销售量呈反向变动关系：价格上升，销量减少；反之，销量增加。企业可以通过不同的价格制定方法与运用策略来调节产品的销售量，进而作用于销售收入。所以，销售预测分析与销售定价管理便构成了收入管理的主要内容。

（二）成本费用管理

企业取得的收入首先应当弥补成本费用。成本费用是商品价值中所耗费的生产资料的价值和劳动者必要劳动所创造的价值之和，在数量上表现为企业的资金耗费。收入必须首先弥补成本费用，才可以保证企业简单再生产的继续进行。成本费用有多种不同的分类，比如，按照经济用途可以分为生产成本和期间费用；按照成本性态可以分为固定成本、变动成本和混合成本等。

成本费用管理对于提高经营效率、增加企业收益具有重要意义，主要的成本费用管理模式包括归口分级管理、成本性态分析、标准成本管理、作业成本管理和责任成本管理等。

（三）利润分配管理

利润分配是收益分配第二层次的内容，也是狭义的收益分配。利润是收入弥补成本费用后的余额。由于成本费用包括的内容与表现的形式不同，利润所包含的内容与形式也有一定的区别。若成本费用不包括利息和所得税，则利润表现为息税前利润；若成本费用包括利息而不包括所得税，则利润表现为利润总额；若成本费用包括了利息和所得税，则利润表现为净利润。

值得说明的是，本章所指利润分配是指对净利润的分配。根据我国《公司法》及相关法律制度的规定，公司净利润的分配应按照下列顺序进行：

1. 弥补以前年度亏损。

企业在提取法定公积金之前，应先用当年利润弥补亏损。企业年度亏损可以用以下年度的税前利润弥补，下一年度不足弥补的，可以在五年之内用税前利润连续弥补，连续五年未弥补的亏损则用税后利润弥补。其中，税后利润弥补亏损可以用当年实现的净利润，也可以用盈余公积转入。

2. 提取法定盈余公积金。

根据公司法的规定，法定盈余公积金的提取比例为当年税后利润（弥补亏损后）的 10%。当年法定盈余公积的累积额已达注册资本的 50%时，可以不再提取。法定盈余公积金提取后，根据企业的需要，可用于弥补亏损或转增资本，但企业用盈余公积金转增资本后，法定盈余公积金的余额不得低于转增前公司注册资本的 25%。提取法定盈余公积金的目的是为了增加企业内部积累，以利于企业扩大再生产。

3. 提取任意盈余公积金。

根据公司法的规定，公司从税后利润中提取法定公积金后，经股东会或股东大会决议，还可以从税后利润中提取任意盈余公积。这是为了满足企业经营管理的需要，控制向投资者分配利润的水平，以及调整各年度利润分配的波动。

4. 向股东（投资者）分配股利（利润）。

根据公司法的规定，公司弥补亏损和提取公积金后所余税后利润，可以向股东（投资者）分配股利（利润）。其中，有限责任公司股东按照实缴的出资比例分取红利，全体股东约定不按照出资比例分取红利的除外；股份有限公司按照股东持有的股份比例分配，但股份有限公司章程规定不按照持股比例分配的除外。

第二节 收入管理

广义的企业收入是指企业因销售商品、提供劳务、转让资产使用权所取得的各种收入的总称。由于销售收入应当是企业收入的主体，故本节所指收入主要指销售收入（或营业收入），即企业在日常经营活动中，由于销售产品、提供劳务等所形成的收入。

企业销售收入是企业的主要财务指标，在资金运动过程中处于起点和终点的地位，具有重要的经济意义。它是企业简单再生产和扩大再生产的资金来源，是加速资金周转的前提。由于销售收入具有重要的经济意义，所以必须加强企业销售收入的管理。销售收入大小的制约因素主要是产品的销售数量和销售价格，因此，企业在经营管理过程中一定要做好销售预测分析以及销售定价管理。

一、销售预测分析

销售预测分析是指通过市场调查，以有关的历史资料和各种信息为基础，运用

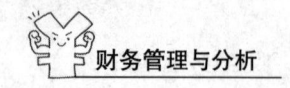

科学的预测方法或管理人员的实际经验，对企业产品在计划期间的销售量或销售额作出预计或估量的过程。企业在进行销售预测时，应充分研究和分析企业产品销售的相关资料，如产品价格、产品质量、售后服务、推销方法等。此外，对企业所处的市场环境、物价指数、市场占用率及经济发展趋势等情况也应进行研究分析。

销售预测的方法有很多种，主要包括定性分析法和定量分析法。销售预测的定性分析法有推销员判断法、专家判断法等；定量分析法，也称数量分析法，它一般包括趋势预测分析法和因果预测分析法两大类。

二、销售定价管理

销售定价不仅影响产品的边际贡献，而且影响产品的销售数量与市场地位，从而对企业收入产生复杂而直接的影响。正确制定销售定价策略，直接关系到企业的生存和发展，加强销售定价管理是企业财务管理的重要内容。

产品定价方法主要包括以成本为基础的定价方法和以市场需求为基础的定价方法两大类。

（一）以成本为基础的定价方法

1. 企业定价基础。

企业成本范畴基本上有三种成本可以作为定价基础，即变动成本、制造成本和完全成本。

变动成本是指其总额会随业务量的变动而变动的成本。变动成本可以作为增量产量的定价依据，但不能作为一般产品的定价依据。

制造成本是指企业为生产产品或提供劳务等发生的直接费用支出，一般包括直接材料、直接人工和制造费用。由于它不包括各种期间费用，因此不能正确反映企业产品的真实价值消耗和转移。利用制造成本定价不利于企业简单再生产的继续进行。

完全成本是指企业为生产、销售一定种类和数量的产品所发生和费用总额，包括制造成本和管理费用、销售费用及财务费用等各种期间费用。在完全成本基础上制定价格，既可以保证企业简单再生产的正常进行，又可以使劳动者为社会劳动所创造的价值得以全部实现。因此，当前产品定价的基础，仍然是产品的完全成本。

2. 定价方法。

（1）完全成本加成定价法。是在完全成本的基础上，加合理利润来定价。合理利润的确定，在工业企业一般是根据成本利润率，而在商业企业一般是根据销售利润率。在考虑税金的情况下，有关计算公式为：

① 成本利润率定价：

$$成本利润率 = \frac{预测利润总额}{预测成本总额} \times 100\%$$

$$单位产品价格=\frac{单位成本\times(1+成本利润率)}{1-适用税率}$$

② 销售利润率定价：

$$销售利润率=\frac{预测利润总额}{预测销售总额}\times 100\%$$

$$单位产品价格=\frac{单位成本}{1-销售利润率-适用税率}$$

上述公式中，单位成本是指单位完全成本，可以用单位制造成本加上单位产品负担的期间费用来确定。

【例 5-1】 某企业生产甲产品，预计单位产品的制造成本为 100 元，计划销售 10 000 件，计划期的期间费用总额为 900 000 元，该产品适用的消费税税率为 5%，成本利润率必须达到 20%，根据上述资料，运用完全成本加成定价法测算的三维甲产品的价格应为：

$$单位甲产品价格=\frac{(100+\frac{900\,000}{10\,000})\times(1+20\%)}{1-5\%}=240（元）$$

完全成本加成定价法可以保证全部生产耗费得到补偿，但它很难适应市场需求的变化，往往导致定价过高或过低。并且，当企业生产多种产品时，间接费用难以准确分摊，从而会导致定价不准确。

（2）保本点定价法。保本点，又称盈亏平衡点，是指企业在经营活动中既不盈利也不亏损的销售水平，在此水平上利润等于零。在这种方法下，成本需按其性态，即随产量变动而变动的关系，分为固定成本和变动成本。保本点定价法的基本原理就是根据产品销售量计划数和一定时期的成本水平、适用税率来确定产品的销售价格。采用这一方法确定的价格是最销售价格。其计算公式为：

$$单位产品价格=\frac{单位固定成本+单位变动成本}{1-适用税率}=\frac{单位完全成本}{1-适用税率}$$

【例 5-2】 某企业生产乙产品，本期计划销售量为 10 000 件，应负担的固定成本总额为 250 000 元，单位产品变动成本为 70 元，适用的消费税税率为 5%，根据上述资料，运用保本点定价法测算的单位乙产品的价格应为：

$$单位乙产品价格=\frac{\frac{250\,000}{10\,000}+70}{1-5\%}=100（元）$$

（3）目标利润法，目标利润是指企业在预定时期内应实现的利润水平。目标利润定价法是根据预期目标利润和产品销售量、产品成本、适用税率等因素来确定产品销售价格的方法。其计算公式为：

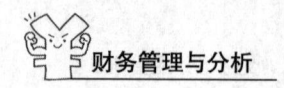

$$单位产品价格 = \frac{目标利润总额 + 完全成本总额}{产品销量 \times (1 - 适用税率)}$$

或：

$$= \frac{单位目标利润 + 单位完全成本}{1 - 适用税率}$$

【例 5-3】 某企业生产丙产品，本期计划销售量为 10 000 件，目标利润总额为 240 000 元，完全成本总额为 520 000 元，适用的消费税税率为 5%，根据上述资料，运用目标利润法测算的单位丙产品的价格应为：

$$单位丙产品价格 = \frac{240\,000 + 520\,000}{10\,000 \times (1 - 5\%)} = 80（元）$$

（4）变动成本定价法，是指企业在生产能力有剩余的情况下增加生产一定数量的产品所应分担的成本。这些增加的产品可以不负担企业的固定成本，只负担变动成本。在确定价格时产品成本仅以变动成本计算。此处所指变动成本是指完全变动成本，包括变动制造成本和变动期间费用。其计算公式为：

$$单位产品价格 = \frac{单位变动成本 \times (1 + 成本利润率)}{1 - 适用税率}$$

【例 5-4】 某企业生产丁产品，设计生产能力为 12 000 件，计划生产 10 000 件，预计单位产品的变动成本为 190 元，计划期的固定成本费用总额为 950 000 元，该产品适用的消费税税率为 5%，成本利润率必须达到 20%。假定本年度接到一额外订单，订购 1 000 件丁产品，单价 300 元。请问：该企业计划内产品单位价格是多少？是否应接受这一额外订单？

根据上述资料，企业计划内生产的产品价格为：

$$计划内单位丁产品价格 = \frac{\left(\frac{950\,000}{10\,000} + 190\right) \times (1 + 20\%)}{1 - 5\%} = 360（元）$$

追加生产 1 000 件的变动成本为 190 元，则：

$$计划外单位丁产品价格 = \frac{190 \times (1 + 20\%)}{1 - 5\%} = 240（元）$$

因为额外订单单价高于其按变动成本计算的价格，故应接受这一额外订单。

（二）以市场需求为基础的定价方法

以成本为基础的定价方法，主要关注企业的成本状况而不考虑市场需求状况，因而这种方法制定的产品价格不一定满足企业销售收入或利润最大化的要求。最优价格应是企业取得最大销售收入或利润时的价格。以市场需求为基础的定价方法可以契合这一要求，主要有需求价格弹性系数定价法和边际分析定价法等。

第三节　成本费用管理

成本费用管理是指企业对在生产经营过程中全部费用的发生和产品成本的形成所进行的计划、控制、核算、分析和考核等一系列科学管理工作的总称。加强成本费用管理，具有重要意义。它既是企业提高经营管理水平的重要因素，也是企业增加盈利的要求，并且为企业抵抗内外压力、求得生存发展提供了可靠保障。主要的成本费用管理模式有成本归口分级管理、成本性态分析、标准成本管理、作业成本管理和责任成本管理等。

一、成本归口分级管理

成本归口分级管理，又称成本管理责任制，它是在企业总部（如厂部）的集中领导下，按照费用发生的情况，将成本计划指标进行分解，并分别下达到有关部门、车间（或分部）和班组，以便明确责任，把成本管理纳入岗位责任制。其目的是要进行全过程、全员性的成本费用管理，使成本费用管理人员监测企业生产经营过程中的成本消耗，同时，使生产技术人员参与企业的成本费用管理。

成本归口分级管理要注意两个方面的关系：一是要正确处理财务部门同其他有关部门在成本管理中的关系，以财务部门为中心，把财务部门同生产、销售、人事等部门的成本管理结合起来；二是要正确处理厂部、车间、班组在成本管理中的关系，以厂部为主导，把厂部、车间、班组各级组织的成本管理结合起来。

成本归口分级管理可以分为成本的归口管理和分级管理两个部分。其中，成本的归口管理主要是指将企业成本与费用预算指标进行分解，按照其所发生的地点和人员进行归口，具体落实到每一个责任人，将成本与费用预算指标作为控制标准，把成本费用管理工作建立在广泛的群众基础上，实现全员性成本费用管理。成本的分级管理主要是指按企业的生产组织形式，从上到下依靠各级、各部门的密切配合来进行成本费用管理。一般分为三级，即厂部、车间和班组，同时开展企业的成本费用管理。

二、成本性态分析

成本性态，又称成本习性，是指成本的变动与业务量（产量或销售量）之间的依存关系。成本性态分析就是对成本与业务量之间的依存关系进行分析，从而在数量上具体掌握成本与业务量之间的规律性关系，以便为企业正确地进行最优管理决策和改善经营管理提供有价值的资料。它对于及时采取有效措施，挖掘降低成本的潜力，争取实现最大的经济效果，具有重要意义。按照成本性态，通常可以把成本区分为固定成本、变动成本和混合成本。

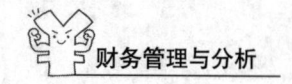

三、标准成本管理

标准成本管理，又称标准成本控制，是以标准成本为基础，将实际成本与标准成本进行对比，揭示成本差异形成的原因和责任，进而采取措施，对成本进行有效控制的管理方法。标准成本管理以标准成本的确定作为起点，通过差异的计算、分析等得出结论性报告，然后据以采取有效措施，巩固成绩或克服不足。如图5-1所示。

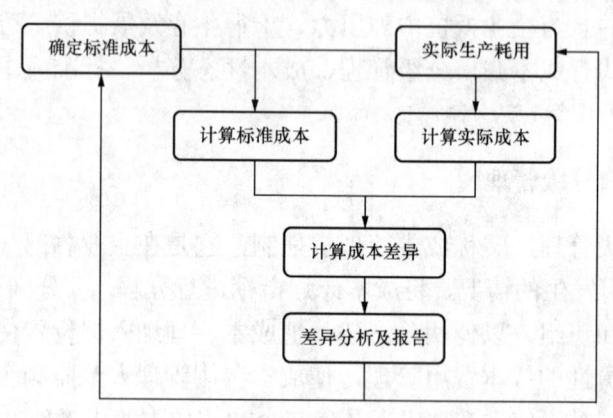

图5-1　标准成本管理流程图

四、作业成本管理

作业成本计算法，最开始只是作为一种产品成本的计算方法，其对传统成本计算方法的改进，主要表现在采用多重分配标准分配制造费用的技术变革上。随着成本计算方法的完善，它也开始兼顾对制造费用和销售费用的分析，以及对价值链成本的分析，并将成本分析的结果应用到战略管理中，从而形成了作业成本管理。如图5-2所示。

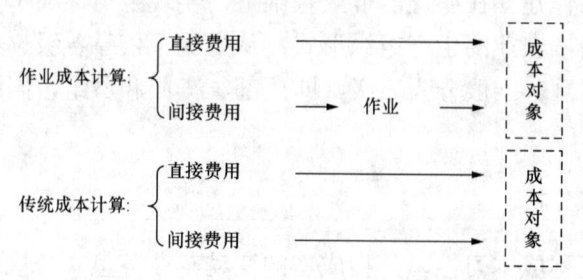

图5-2　作业成本计算法与传统成本计算法

五、责任成本管理

（一）责任成本管理的内容

责任成本管理，是指将企业内部划分成不同的责任中心，明确责任成本，并根据各责任中心的权、责、利关系，来考核其工作业绩的一种成本管理模式。其中，责任中心也叫责任单位,是指企业内部具有一定权力并承担相应工作责任的部门或管理层次。责任成本管理的流程如图5-3所示。

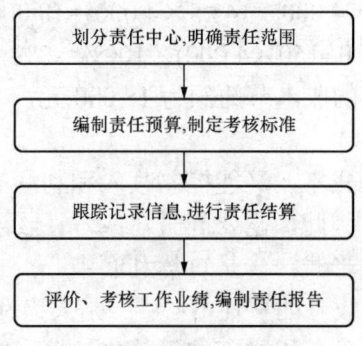

```
划分责任中心,明确责任范围
        ↓
编制责任预算,制定考核标准
        ↓
跟踪记录信息,进行责任结算
        ↓
评价、考核工作业绩,编制责任报告
```

图5-3 责任成本管理流程图

(二)责任中心及其考核

按照企业内部责任中心的权责范围以及业务活动的不同特点,责任中心一般可以划分为成本中心、利润中心和投资中心三类。每一类责任中心均对应着不同的决策权力及不同的业绩评价指标。

1. 成本中心。

成本中心是指有权发生并控制成本的单位。成本中心一般不会产生收入,通常只计量考核发生的成本。成本中心是责任中心中应用最为广泛的一种形式,只要是对成本的发生负有责任的单位或个人都可以成为成本中心。例如:负责生产产品的车间、工段、班组等生产部门或确定费用标准的管理部门等。成本中心具有以下特点:

(1)成本中心不考核收益,只考核成本。一般情况下,成本中心不能形成真正意义上的收入,故只需衡量投入,而不衡量产出,这是成本中心的首要特点;

(2)成本中心只对可控成本负责,不负责不可控成本。可控成本是指成本中心可以控制的各种耗费,它应具备三个条件:第一,该成本的发生是成本中心可以预见的;第二,该成本是成本中心可以计量的;第三,该成本是成本中心可以调节和控制的。

凡不符合上述三个条件的成本都是不可控成本。可控成本和不可控成本的划分是相对的。它们与成本中心所处的管理层级别、管理权限与控制范围大小有关。对于一个独立企业而言,几乎所有的成本都是可控的;

(3)责任成本是成本中心考核和控制的主要内容。成本中心当期发生的所有可控成本之和就是其责任成本。

成本中心考核和控制主要使用的指标包括预算成本节约额和预算成本节约率。计算公式为:

$$预算成本节约额 = 预算责任成本 - 实际责任成本$$

$$预算成本节约率 = 预算成本节约额 / 预算成本 \times 100\%$$

【例 5-5】 某企业内部某车间为成本中心,生产甲产品,预算产量 3 500 件,单位成本 150 元,实际产量 4 000 件,成本 145.5 元,该成本中心的考核指标计算为:

预算成本节约额=150×4 000－145.5×4 000=18 000(元)

预算成本节约率=18 000/(150×4 000)×100%=3%

结果表明,该成本中心的成本节约额为 18 000 元,节约率为 3%。

2. 利润中心。

利润中心是指既能控制成本,又能控制收入和利润的责任单位。它不但有成本发生,而且还有收入发生。因此,它要同时对成本、收入即以收入和成本的差额即利润负责。利润中心有两种形式:一是自然利润中心,它是自然形成的,直接对外提供劳务或销售产品以取得收入的责任中心;二是人为利润中心,它是人为设定的,通过企业内部各责任中心之间使用内部结算价格结算半成品内部销售收入的责任中心。利润中心往往处于企业内部的较高层次,如分店或分厂等。利润中心与成本中心相比,其权利和责任对相对较大,它不仅要降低绝对成本,还要寻求收入的增长使之超过成本,即更要强调相对成本的降低。

通常情况下,利润中心采用利润作为业绩考核指标,分为边际贡献、可控边际贡献和部门边际贡献。相关公式为:

边际贡献=销售收入总额－变动成本总额

可控边际贡献=边际贡献－该中心负责人可控固定成本

部门边际贡献=可控边际贡献－该中心负责人不可控固定成本

其中:

边际贡献是将收入减去变动成本总额,反映了该利润中心的盈利能力。

可控边际贡献也称部门经理边际贡献,它衡量了部门经理有效运用其控制下的资源的能力,是评价利润中心管理者业绩的理想指标。但是,该指标一个很大的局限就是难以区分可控和不可控的与生产能力相关的成本。如果该中心有权处置固定资产,那么相关的折旧费是可控成本;反之,相关的折旧费用就是不可控成本。可控边际贡献忽略了应追溯但又不可控的生产能力成本,不能全面反映该利润中心对整个公司所做的经济贡献。

部门边际贡献,又称部门毛利,它扣除了利润中心管理者不可控的间接成本,因为,对于公司最高层来说,所有成本都是可控的。部门边际贡献反映了部门为企业利润和弥补与生产能力有关的成本所做的贡献,它更多的用于评价部门业绩而不是利润中心管理者的业绩。

【例 5-6】某企业内部乙车间是人为利润中心,本期实现内部销售收入 200 万元,销售变动成本为 120 万元,该中心负责人可控固定成本为 20 万元,不可控但应由该中心负担的固定成本 10 万元。该利润中心的考核指标计算为:

边际贡献=200－120=80(万元)

可控边际贡献=80－20=60(万元)

部门边际贡献=60－10=50(万元)

3. 投资中心。

投资中心是指既对成本、收入和利润负责,又对投资及其投资收益负责的责任单位。它本质上也是一种利润中心,但它拥有最大程度的决策权,同时承担最大程度的经济责任,属于企业中最高层次的责任中心,如事业部、子公司等。从组织形式上看,投资中心一般具有独立法人资格,而成本中心和利润中心往往是内部组织,不具有独立法人地位。

对投资中心的业绩进行评价时,不仅要使用利润指标,还需要计算、分析利润与投资的关系,主要有投资报酬率和剩余收益等指标。

(1)投资报酬率。投资报酬率是投资中心获得的利润与投资额的比率,其计算公式为:

投资报酬率=营业利润/平均营业资产

平均营业资产=(期初营业资产+期末营业资产)/2

其中,营业利润是指扣减利息和所得税之前的利润,即息税前利润。由于利润是整个期间内实现并累积形成的,属于期间指标,而营业资产属于时点指标,故取其平均数。

投资报酬率主要说明了投资中心运用公司的每单位资产对公司整体利润贡献的大小。它能够反映投资中心的综合获利能力,并具有横向可比性,因此,可以促使经理人员关注营业资产运用效率,并有利于资产存量的调整,优化资源配置。然而,过于关注投资利润率也会引起短期行为的产生,追求局部利益最大化而损害整体利益最大化目标,导致经理人员为眼前利益而牺牲长远利益。

(2)剩余收益。剩余收益是指投资中心的营业收益扣减营业资产按要求的最低投资报酬率计算的收益额之后的余额。其计算公式为:

剩余收益=经营利润-(经营资产×最低投资报酬率)

公式中的最低投资报酬率是根据资本成本来确定的。它一般等于或大于资本成本,通常可以采用企业整体的最低期望投资报酬率,也可以是企业为该投资中心单独规定的最低投资报酬率。

剩余收益指标弥补了投资报酬率指标会使局部利益与整体利益相冲突的不足,但由于其是一个绝对指标,故而难以在不同规模的投资中心之间进行业绩比较。另外,剩余收益同样仅反映当期业绩,单纯使用这一指标也会导致投资中心管理者的短期行为。

【例5-7】 某公司的投资报酬率如表5-1所示。

表5-1

单位:万元

投资中心	利润	投资额	投资报酬率
A	280	2 000	14%
B	80	1 000	8%
全公司	360	3 000	12%

假定 A 投资中心面临一个投资额为 1 000 万元的投资机会,可获利润 131 万元,投资报酬率为 13.1%,假定公司整体的预期最低投资报酬率为 12%。

若 A 投资中心接受该投资,则 A、B 投资中心的相关数据计算如表 5-2 所示:

表 5-2

单位:万元

投资中心	利润	投资额	投资报酬率
A	280+131=411	2 000+1 000=3 000	13.7%
B	80	1 000	8%
全公司	491	4 000	12.275%

(1) 用投资报酬率指标衡量业绩。就全公司而言,接受投资后,投资报酬率增加了 0.275%,应接受这项投资。然而,由于 A 投资中心的投资报酬率下降了 0.3%,该投资中心可能不会接受这一投资。

(2) 用剩余收益指标来衡量业绩。

A 投资中心接受新投资前的剩余收益=280-2 000×12%=40(万元)

A 投资中心接受新投资后的剩余收益=411-3 000×12%=51(万元)

所以如果用剩余收益指标来衡量投资中心的业绩,则 A 投资中心应该接受这项投资。

(三) 内部转移价格的制定

内部转移价格是指企业内部有关责任单位之间提供产品或劳务的结算价格。内部转移价格直接关系到不同责任中心的获利水平,其制定可以有效地防止成本转移引起的责任中心之间的责任转嫁,使每个责任中心都能够作为单独的组织单位进行业绩评价,并且可以作为一种价格信号引导下级采取正确决策,保证局部利益和整体利益的一致。

练 习 题

一、单项选择题

1. ABC 公司生产甲产品,本期计划销售量为 20 000 件,应负担的固定成本总额为 600 000 元,单位产品变动成本为 60 元,适用的消费税税率为 10%,根据上述资料,运用保本点定价法预测的单位甲产品的价格应为( )。
   A. 90　　　　B. 81　　　　C. 110　　　　D. 100
2. 下列关于收益分配管理的说法不正确的是( )。
   A. 收益分配管理包括收入管理、成本费用管理和利润分配管理
   B. 广义的收益分配是指对企业的收入和税前利润进行分配
   C. 收益分配集中体现了企业所有者、经营者与职工之间的利益关系
   D. 企业的收益分配必须兼顾各方面的利益

3. 固定制造费用成本差异的两差异分析法下的能量差异，可以进一步分为（　　）。
    A. 产量差异和耗费差异　　　　　B. 产量差异和效率差异
    C. 耗费差异和效率差异　　　　　D. 以上任何两种差异
4. 某企业发生一项A作业，判断其是否为增值作业的依据不包括（　　）。
    A. 该作业导致了状态的改变
    B. 该作业必须是高效率的
    C. 该状态的变化不能由其他作业来完成
    D. 该作业使其他作业得以进行
5. 关于销售预测的定量分析法的说法不正确的是（　　）。
    A. 算术平均法适用于每月销售量波动不大的产品的销售预测
    B. 加权平均法权数的选取应遵循"近小远大"的原则
    C. 加权平均法比算术平均法更适合在实践中应用
    D. 指数平滑法实质上是一种加权平均法
6. 除了提升产品质量之外，根据具体情况合理运用不同的价格策略，可以有效地提高产品的市场占有率和企业的竞争能力。以下不属于价格运用策略的是（　　）。
    A. 折让定价策略　　　　　　　　B. 组合定价策略
    C. 寿命周期定价策略　　　　　　D. 弹性定价策略
7. 下列有关作业成本管理的说法不正确的是（　　）。
    A. 作业成本管理以提高客户价值、增加企业利润为目标
    B. 按照对顾客价值的贡献，作业可以分为增值作业和非增值作业
    C. 作业成本管理包含成本分配观和流程观两个维度的含义
    D. 作业成本管理忽视非增值成本，只关注增值成本
8. 计算价格差异的公式是（　　）。
    A. 实际数量×（实际价格－标准价格）
    B. 标准数量×（实际价格－标准价格）
    C. 标准价格×（实际数量－标准数量）
    D. 实际价格×（实际数量－标准数量）
9. 某企业本月预计生产A产品10 400件，实际生产8 000件，用工10 000小时，实际发生固定制造费用190 000元，其中A产品的固定制造费用标准分配率为12元/小时，工时标准为1.5小时/件，则以下计算不正确的是（　　）。
    A. 固定制造费用耗费差异为2 800元的超支差异
    B. 固定制造费用能量差异为43 200元的超支差异
    C. 固定制造费用成本差异为46 000元的超支差异
    D. 固定制造费用耗费差异为43 200元的超支差异
10. 某企业内部某车间为成本中心，生产甲产品，预算产量为4 000件，单位成

本200元,实际产量4 500件,单位成本160元,则该成本中心的预算成本节约率为(   )。

    A. 20%　　　　B. 11.1%　　　　C. 9.8%　　　　D. 10.1%

11. 在确定企业的收益分配政策时,应当考虑相关因素的影响,其中"资本保全约束"属于(   )。

    A. 股东因素　　B. 公司因素　　C. 法律因素　　D. 债务契约因素

12. 以下股利分配政策中,最有利于股价稳定的是(   )。

    A. 剩余股利政策　　　　　　　　B. 固定或稳定增长的股利政策

    C. 固定股利支付率政策　　　　　D. 低正常股利加额外股利政策

13. 适用于盈利水平随着经济周期而波动较大的公司或行业的股利分配政策是(   )。

    A. 剩余股利政策　　　　　　　　B. 固定股利政策

    C. 固定股利支付率政策　　　　　D. 低正常股利加额外股利政策

二、多项选择题

1. 按照成本性态,通常可以把成本区分为(   )。

    A. 固定成本　　B. 变动成本　　C. 混合成本　　D. 半变动成本

2. 下列说法不正确的有(   )。

    A. 固定成本是指不直接受业务量变动的影响而保持固定不变的成本

    B. 按销售收入的一定百分比支付的销售佣金属于酌量性变动成本

    C. 延期变动成本通常有一个初始的固定基数,在此基数内与业务量的变化无关,在此基数之上的其余部分,则随着业务量的增加成正比例增加

    D. 递减曲线成本的成本是递减的

3. 下列关于股票回购方式的说法正确的有(   )。

    A. 公司在股票的公开交易市场上按照高出股票当前市场价格的价格回购

    B. 公司在股票的公开交易市场上按照公司股票当前市场价格回购

    C. 公司在特定期间向市场发出以高于股票当前市场价格的某一价格回购既定数量股票的要约

    D. 公司以协议价格直接向一个或几个主要股东回购股票,协议价格一般高于当前的股票市场价格

4. 成本费用管理是指企业对在生产经营过程中全部费用的发生和产品成本的形成所进行的计划、控制、核算、分析和考核等一系列科学管理工作的总称,主要的成本管理模式有(   )。

    A. 成本性态分析　　　　　　　　B. 标准成本管理

    C. 作业成本管理　　　　　　　　D. 责任成本管理

5. 以下属于约束性固定成本的有(   )。

A. 职工培训费用 B. 保险费
C. 管理人员的基本工资 D. 新产品研究开发费用

6. 本月生产产品 1 200 件，使用材料 7 500 千克，材料单价为 0.55 元/千克；直接材料的单位产品标准成本为 3 元，每千克材料的标准价格为 0.5 元。实际使用工时 2 670 小时，支付工资 13 617 元；直接人工的标准成本是 10 元/件，每件产品标准工时为 2 小时。则下列结论正确的有（ ）。

A. 直接材料成本差异为 525 元 B. 直接材料价格差异为 375 元
C. 直接人工效率差异为 1 350 元 D. 直接人工工资率差异为 240 元

7. 流程价值分析关心的是作业的责任，包括（ ）。

A. 成本动因分析 B. 成本对象分析 C. 作业分析 D. 作业业绩考核

8. 成本中心只对可控成本负责，不负责不可控成本，以下属于可控成本应具备的条件是（ ）。

A. 该成本的发生是成本中心可以预见的
B. 该成本是成本中心可以计量的
C. 该成本是由成本中心所导致的
D. 该成本是成本中心可以调节和控制的

9. 下列情况下，企业会采取偏紧的股利政策的有（ ）。

A. 投资机会较多 B. 筹资能力较强
C. 资产流动性能较差 D. 通货膨胀

10. 股利相关理论认为，企业的股利政策会影响到股票价格和公司价值。主要观点包括（ ）。

A. "手中鸟"理论 B. 信号传递理论
C. 代理理论 D. 所得税差异理论

11. 下列各项中属于对公司的利润分配政策产生影响的股东因素有（ ）。

A. 债务因素 B. 控制权 C. 投资机会 D. 避税

12. 下列成本差异中，通常不属于生产部门责任的有（ ）。

A. 直接材料价格差异 B. 直接人工工资率差异
C. 直接人工效率差异 D. 变动制造费用效率差异

三、判断题

1. 非增值成本并不一定全部是非增值作业产生的，增值作业也可能产生非增值成本。（ ）

2. 某种产品的需求量随其价格的升降而变动的程度，是需求价格弹性系数。（ ）

3. 根据代理理论可知，较多地派发现金股利可以通过资本市场的监督减少代理成本。（ ）

4. 股权登记日在除息日之前。   (   )
5. 变动制造费用成本差异是指实际发生的变动制造费用总额与预计产量下标准变动费用总额之间的差异。   (   )
6. 固定制造费用效率差异是指实际产量下实际工时与预算产量下标准工时的差额与标准分配率的乘积。   (   )
7. 部门边际贡献也称部门经理边际贡献,它衡量了部门经理有效运用其控制下的资源的能力,是评价利润中心管理者业绩的理想指标。   (   )
8. 信号传递理论认为,在信息对称的情况下,公司可以通过股利政策向市场传递有关公司未来获利能力的信息,从而会影响公司的股价。   (   )
9. 股利无关论的假定条件之一是不存在任何公司或个人所得税。   (   )
10. 剩余股利政策能保持理想的资本结构,使企业价值长期最大化。   (   )
11. 从理论上说,债权人不得干预企业的资金投向和股利分配方案。   (   )

四、思考题

1. 假定产品销售量只受研发费用支出大小的影响,20×9 年度预计研发费用支出为 160 万元,以往年度的研发费支出资料如下:

年度	20×1	20×2	20×3	20×4	20×5	20×6	20×7	20×8
销售量（吨）	3 200	3 400	3 250	3 350	3 500	3 450	3 300	3 600
研发费用支出（万元）	90	140	100	125	140	135	105	150

要求：用回归直线法预测公司 20×9 年的产品销售量。

2. 正保公司生产丁产品,设计的生产能力为 15 000 件,计划生产 14 000 件,预计单位产品的变动成本为 180 元,计划期的固定成本费用总额为 980 000 元,该产品使用的消费税税率为 5%,成本利润率必须达到 20%。假定本年度接到一额外订单,订购 1 000 件丁产品,单价 250 元。请问：该企业计划内产品单位价格是多少？是否应该接受这一额外订单？（计算结果保留小数点后两位）

3. 某公司 2005 年度的税后利润为 1 200 万元,该年分配股利 600 万元,2007 年拟投资 1 000 万元引进一条生产线以扩大生产能力,该公司目标资本结构为自有资金占 80%,借入资金占 20%。该公司 2006 年度的税后利润为 1 300 万元。

要求：

（1）如果该公司执行的是固定股利政策,并保持资本结构不变,则 2007 年度该公司为引进生产线需要从外部筹集多少自有资金？

（2）如果该公司执行的是固定股利支付率政策,并保持资本结构不变,则 2007 年度该公司为引进生产线需要从外部筹集多少自有资金？

（3）如果该公司执行的是剩余股利政策,则 2006 年度公司可以发放多少现金股利？

第六章 财务分析与评价

知识目标：
1. 财务分析的方法
2. 上市公司基本财务分析指标
3. 企业综合绩效分析的方法

技能目标：
1. 掌握运用连环替代法进行财务分析
2. 掌握运用杜邦分析法进行分析企业的综合绩效

第一节 财务分析与评价概述

一、财务分析的意义和内容

财务分析是根据企业财务报表等信息资料，采用专门方法，系统分析和评价企业财务状况、经营成果及未来发展趋势的过程。

（一）财务分析的意义

财务分析对不同的信息使用者具有不同的意义。具体来说，财务分析的意义主要体现在如下方面：

1. 可以判断企业的财务实力。

通过对资产负债表和利润表有关资料进行分析，计算相关指标，可以了解企业的资产结构和负债水平是否合理，从而判断企业的偿债能力、营运能力及获利能力等财务实力，揭示企业在财务状况方面可能存在的问题。

2. 可以评价和考核企业的经营业绩，揭示财务活动存在的问题。

通过指标的计算、分析和比较，能够评价和考核企业的盈利能力和资产周转状况，揭示其经营管理的各个方面和各个环节问题，找出差距，得出分析结论。

3. 可以挖掘企业潜力，寻求提高企业经营管理水平和经济效益的途径。

企业进行财务分析的目的不仅仅是发现问题，更重要的是分析问题和解决问题。通过财务分析，应保持和进一步发挥生产经营管理中成功的经验，对存在的问题应提出解决的策略和措施，以达到扬长避短、提高经营管理水平的经济效益的目的。

4. 可以评价企业的发展趋势。

通过各种财务分析，可以判断企业的发展趋势，预测其生产经营的前景及偿债

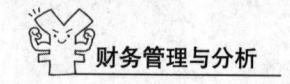

能力，从而为企业领导层进行生产经营决策、投资者进行投资决策和债权人进行信贷决策提供重要的依据，避免因决策错误给其带来重大的损失。

（二）财务分析的内容

财务分析信息的需求者主要包括企业所有者、企业债权人、企业经营决策者和政府等。不同主体出于不同的利益考虑，对财务分析信息有着各自不同的要求。

1. 企业所有者作为投资人，关心其资本的保值和增值状况，因此较为重视企业获利能力指标，主要进行企业盈利能力分析。

2. 企业债权人因不能参与企业剩余收益分享，首先关注的是其投资的安全性，因此更重视企业偿债能力指标，主要进行企业偿债能力分析，同时也关注使企业盈利能力分析。

3. 企业经营决策者必须对企业经营理财的各个方面，包括运营能力、偿债能力、获利能力及发展能力的全部信息予以详尽地了解和掌握，主要进行各方面综合分析，并关注企业财务风险和额经营风险。

4. 政府兼具多重身份，既是宏观经济管理者，又是国有企业的所有者和重要的市场参与者，因此政府对企业财务分析的关注点因所具身份不同而异。

尽管不同企业的经营状况、经营规模、经营特点不同，作为运用价值形式进行的财务分析，归纳起来其分析的内容不外乎偿债能力分析、营运能力分析、获利能力分析、发展能力分析和综合能力分析等五个方面。

二、财务分析的方法

（一）比较分析法

比较分析法，是通过对比两期或连续数期财务报告中的相同指标，确定其增减变动的方向、数额和幅度，来说明企业财务状况或经营成果变动趋势的一种方法。采用这种方法，可以分析引起变化的主要原因、变动的性质，并预测企业未来的发展趋势。

比较分析法的具体运用主要有重要财务指标的比较、会计报表的比较和会计报表项目构成的比较三种方式。

1. 重要财务指标的比较。

这种方法是指将不同时期财务报告中的相同指标或比率进行纵向比较，直接观察其增减变动情况及变动幅度，考察其发展趋势，预测其发展前景。不同时期财务指标的比较主要有以下两种方法：

（1）定基动态比率，是以某一时期的数额为固定的基期数额而计算出来的动态比率。其计算公式为：

$$定基动态比率 = \frac{分析期数额}{固定基期数额} \times 100\%$$

（2）环比动态比率，是以每一分析期的数据与上期数据相比较计算出来的动态比率。其计算公式为：

$$环比动态比率 = \frac{分析期数额}{前期数额} \times 100\%$$

2. 会计报表的比较。

这是指将连续数期的会计报表的金额并列起来，比较各指标不同期间的增减变动金额和幅度，据以判断企业财务状况和经营成果发展变化的一种方法。具体包括资产负债表比较、利润表比较和现金流量表比较等。

3. 会计报表项目构成的比较。

这种方法是在会计报表比较的基础上发展而来的，是以会计报表中的某个总体指标作为100%，再计算出各组成项目占该总体指标的百分比，从而比较各个项目百分比的增减变动，以此来判断有关财务活动的变化趋势。

采用比较分析法时，应当注意以下问题：（1）用于对比的各个时期的指标，其计算口径必须保持一致；（2）应剔除偶发性项目的影响，使分析所利用的数据能反映正常的生产经营状况；（3）应运用例外原则对某项有显著变动的指标作重点分析，研究其产生的原因，以便采取对策，趋利避害。

（二）比率分析法

比率分析法是通过计算各种比率指标来确定财务活动变动程度的方法。比率指标的类型主要有构成比率、效率比率和相关比率三类。

1. 构成比率。

构成比率又称结构比率，是某项财务指标的各组成部分数值占总体数值的百分比，反映部分与总体的关系。利用构成比率，可以考察总体中某个部分的形成和安排是否合理，以便协调各项财务活动。其计算公式为：

$$构成比率 = \frac{某个组成部分数值}{总体数值} \times 100\%$$

比如，企业资产中流动资产、固定资产和无形资产占资产总额的百分比（资产构成比率），企业负债中流动负债和长期负债占负债总额的百分比（负债构成比率）等。利用构成比率，可以考察总体中某个部分的形成和安排是否合理，以便协调各项财务活动。

2. 效率比率。

效率比率，是某项财务活动中所费与所得的比率，反映投入与产出的关系。利用效率比率指标，可以进行得失比较，考察经营成果，评价经济效益。

比如，将利润项目与销售成本、销售收入、资本金等项目加以对比，可以计算出成本利润率、销售利润率和资本金利润率指标，从不同角度观察比较企业获利能力的高低及其增减变化情况。

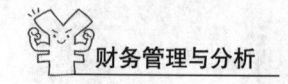

3. 相关比率。

相关比率，是以某个项目和与其有关但又不同的项目加以对比所得的比率，反映有关经济活动的相互关系。利用相关比率指标，可以考察企业相互关联的业务安排得是否合理，以保障经营活动顺畅进行。

比如，将流动资产与流动负债进行对比，计算出流动比率，可以判断企业的短期偿债能力，将负债总额与资产总额进行对比，可以判断企业长期偿债能力。

采用比率分析法时，应当注意以下几点：（1）对比项目的相关性；（2）对比口径的一致性；（3）衡量标准的科学性。

（三）因素分析法

因素分析法是依据分析指标与其影响因素的关系，从数量上确定各因素对分析指标影响方向和影响程度的一种方法。

因素分析法具体有两种：连环替代法和差额分析法。

1. 连环替代法。

连环替代法，是将分析指标分解为各个可以计量的因素，并根据各个因素之间的依存关系，顺次用各因素的比较值（通常为实际值）替代基准值（通常为标准值或计划值），据以测定各因素对分析指标的影响。

【例6-1】某企业20×9年10月某种原材料费用的实际数是4 620元，而其计划数是4 000元。实际比计划增加620元。由于原材料费用是由产品产量、单位产品材料消耗量和材料单价三个因素的乘积组成，因此，就可以把材料费用这一总指标分解为三个因素，然后逐个来分析它们对材料费用总额的影响程度。现假设这三个因素的数值如表6-1所示。

表6-1

项　　目	单位	计划数	实际数
产品产量	件	100	110
单位产品材料消耗量	千克	8	7
材料单价	元	5	6
材料费用总额	元	4 000	4 620

根据表6-1中资料，材料费用总额实际数较计划数增加620元。运用连环替代法，可以计算各因素变动对材料费用总额的影响。

计划指标：　　100×8×5＝4 000（元）　　　　　　　　　　　　①
第一次替代：　110×8×5＝4 400（元）　　　　　　　　　　　　②
第二次替代：　110×7×5＝3 850（元）　　　　　　　　　　　　③
第三次替代：　110×7×6＝4 620（元）　　　　　　　　　　　　④
实际指标：
②－①＝4 400－4 000＝400（元）　　　　　　　　产量增加的影响

③－②＝3 850－4 400＝-550（元）　　　材料节约的影响
④－③＝4 620－3 850＝770（元）　　　价格提高的影响
400－550＋770＝620（元）　　　　　　全部因素的影响

2. 差额分析法

差额分析法是连环替代法的一种简化形式，是利用各个因素的比较值与基准值之间的差额，来计算各因素对分析指标的影响。

【例6-2】 仍用表6-1中的资料。可采用差额分析法计算确定各因素变动对材料费用的影响。

（1）由于产量增加对财务费用的影响为：（110－100）×8×5＝400（元）

（2）由于材料消耗节约对材料费用的影响为：（7－8）×110×5＝－550（元）

（3）由于价格提高对材料费用的影响为：（6－5）×110×7＝770（元）

采用因素分析法时，必须注意以下问题：

（1）因素分解的关联性。构成经济指标的因素，必须是客观上存在着的因果关系，要能够反映形成该项指标差异的内在构成原因，否则就失去了应用价值。

（2）因素替代的顺序性。确定替代因素时，必须根据各因素的依存关系，遵循一定的顺序并依次替代，不可随意加以颠倒，否则就会得出不同的计算结果。

（3）顺序替代的顺序性。因素分析法在计算每一因素变动的影响时，都是在前一次计算的基础上进行，并采用连环比较的方法确定因素变化影响结果。

（4）计算结果的假定性。由于因素分析法计算的各因素变动的影响数，会因替代顺序不同而有差别，因而计算结果不免带有假定性，即它不可能使每个因素计算的结果，都达到绝对的准确。为此，分析时应力求使这种假定合乎逻辑，具有实际经济意义。这样，计算结果的假定性，才不至于妨碍分析的有效性。

三、财务分析的局限性

财务分析对于了解企业的财务状况和经营成绩，评价企业的偿债能力和经营能力，帮助制定经济决策，有着显著的作用。但由于种种因素的影响，财务分析也存在着一定的局限性，表现为资料来源的局限性、财务分析方法的局限性及财务分析指标的局限性，在分析中，应注意这些局限性的影响，以保证分析结果的正确性。

四、财务评价

财务评价，是对企业财务状况和经营情况进行的总结、考核和评价。它以企业的财务报表和其他财务分析资料为依据，注重对企业财务分析指标的综合考核。

财务综合评价的方法有很多，包括杜邦分析法、沃尔评分法等。目前我国企业经营绩效评价主要使用的是功效系数法。功效系数法又叫功效函数法，它根据多目标规划原理，对每一项评价指标确定一个满意值和不允许值，以满意值为上限，以不允许值为下限，计算各指标实现满意值的程度，并以此确定各指标的分数，再经

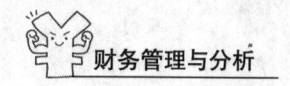

过加权平均进行综合，从而评价被研究对象的综合状况。

运用科学的财务绩效评价手段，实施财务绩效综合评价，不仅可以真实反映企业经营绩效状况，判断企业的财务改日水平，而且有利于适时揭示财务风险，引导企业持续、快速、健康地发展。

第二节　上市公司基本财务分析

一、上市公司特殊财务分析指标

（一）每股收益

每股收益是综合反映企业获利能力的重要指标，可以用来判断和评价管理层的经营业绩。

1. 基本每股收益。

基本每股收益的计算公式为：

$$基本每股收益 = \frac{归属于公司普通股股东的净利润}{发行在外的普通股加权平均数}$$

【例 6-3】某上市公司 20×8 年度归属于普通股股东的净利润为 25 000 万元。20×7 年末的股本为 8 000 万股，20×8 年 2 月 8 日，经公司 20×7 年度股东大会决议，以截止 20×7 年末公司总股本为基础，向全体股东每 10 股送红股 10 股，工商注册登记变更完成后公司总股本变为 16 000 万股。20×8 年 11 月 29 日发行新股 6 000 万股。

$$基本每股收益 = \frac{25\,000}{8\,000 + 8\,000 + 6\,000 \times 1/12} \approx 1.52（元/股）$$

在上例计算中，公司 20×7 年度分配 10 送 10 导致股本增加 8 000 万股，由于送红股是将公司以前年度的未分配利润转为普通股，转化与否都一直作为资本使用，因此，新增的这 8 000 万股不需要按照实际增加的月份加权计算，可以直接计入分母；而公司发行新股 6 000 万股，这部分股份由于在 11 月月底增加，对全年的利润贡献只有 1 个月，因此应该按照 1/12 的权数进行加权计算。

2. 稀释每股收益。

企业存在稀释性潜在普通股的，应当计算稀释每股收益。潜在普通股主要包括：可转换公司债券、认股权证和股份期权等。

（1）可转换公司债券。对于可转换公司债券，计算稀释每股收益时，分子的调整项目为可转换公司债券当期已确认为费用的利息等的税后影响额；分母的调整项目为假定可转换公司债券当期期初或发行日转换为普通股的股数加权平均数。

（2）认股权证和股份期权。认股权证、股份期权等的行权价格低于当期普通股平均市场价格时，应当考虑其稀释性。

计算稀释每股收益时，作为分子的净利润金额一般不变；分母的调整项目为增加的普通股股数，同时还应考虑时间权数。

行权价格和拟行权时转换的普通股股数，按照有关认股权证合同和股份期权合约确定。公式中的当期普通股平均市场价格，通常按照每周或每月具有代表性的股票交易价格进行简单算术平均计算。在股票价格比较平稳的情况下，可以采用每周或每月股票的收盘价作为代表性价格；在股票价格波动较大的情况下，可以采用每周或每月股票最高价与最低价的平均值作为代表性价格。无论采用何种方法计算平均市场价格，一经确定，不得随意变更，除非有确凿证据表明原计算方法不再适用。当期发行认股权证或股份期权的，普通股平均市场价格应当自认股权证或股份期权的发行日起计算。

【例 6-4】 某上市公司 20×8 年 7 月 1 日按面值发行年利率 3%的可转换公司债券，面值 10 000 万元，期限为 5 年，利息每年末支付一次，发行结束一年后可以转换股票，转换价格为每股 5 元，即每 100 元债券可转换为 1 元面值的普通股 20 股。20×8 年该公司归属于普通股股东的净利润为 30 000 万元，20×8 年发行在外的普通股加权平均数为 40 000 万股，债券利息不符合资本化条件，直接计入当期损益，所得税税率 25%。假设不考虑可转换公司债券在负债成份和权益成份之间的分拆，且债券票面利率等于实际利率。则稀释每股收益计算如下：

$$基本每股收益 = \frac{30\,000}{40\,000} = 0.75（元）$$

$$假设全部转股，所增加的净利润 = 10\,000 \times 3\% \times \frac{6}{12} \times (1-25\%) = 112.5（万元）$$

$$假设全部转股，所增加的年加权平均普通股股数 = \frac{10\,000}{100} \times 20 \times \frac{6}{12} = 1\,000（万股）$$

$$增量股的每股收益 = \frac{112.5}{1\,000} = 0.1125（元）$$

增量股的每股收益小于原每股收益，可转换债券具有稀释作用。

$$稀释每股收益 = \frac{30\,000 + 112.5}{40\,000 + 1\,000} \approx 0.73（元）$$

在分析每股收益指标时，应注意企业利用回购库存股的方式减少发行在外的普通股股数，使每股收益简单增加。另外，如果企业将盈利用于派发股票股利或配售股票，就会使企业流通在外的股票数量增加，这样将会大量稀释每股收益。在分析上市公司公布的信息时，投资者应注意区分公布的每股收益是按原始股股数还是按完全稀释后的股份计算规则计算的，以免受到误导。

对投资者来说，每股收益是一个综合性的盈利概念，能比较恰当地说明收益的增长或减少。人们一般将每股收益视为企业能否成功地达到其利润目标的计量标志，也可以将其看成一家企业管理效率、盈利能力和股利来源的标志。

每股收益这一财务指标在不同行业、不同规模的上市公司之间具有相当大的可比性,因而在各上市公司之间的业绩比较中被广泛地加以引用。此指标越大,盈利能力越好,股利分配来源越充足,资产增值能力越强。

(二)每股股利

每股股利是企业股利总额与企业流通股数的比值。其计算公式为:

$$每股股利=\frac{股利总额}{流通股数}$$

【例6-5】 某上市公司20×8年度发放普通股股利3 600万元,年末发行在外的普通股股数为12 000万股。每股股利计算如下:

$$每股股利=\frac{3\,600}{12\,000}=0.3(元)$$

每股股利反映的是上市公司每一普通股获取股利的大小。每股股利越大,则企业股本获利能力就越强;每股股利越小,则企业股本获利能力就越弱。但须注意,上市公司每股股利发放多少,除了受上市公司获利能力大小影响以外,还取决于企业的股利发放政策。如果企业为了增强企业发展后劲儿增加企业的公积金,则当前的每股股利必然会减少;反之,则当前的每股股利会增加。

反映每股股利和每股收益之间关系的一个重要指标是股利发放率,即每股股利分配额与当期的每股收益之比。借助于该指标,投资者可以了解一家上市公司的股利发放政策。

(三)市盈率

市盈率是股票每股市价与每股收益的比率,其计算公式如下:

$$市盈率=\frac{每股市价}{每股收益}$$

【例6-6】 沿用例6-3的资料,同时假定该上市公司20×8年末每股市价30.4元。则该公司20×8年末市盈率计算如下:

$$市盈率=\frac{30.4}{1.52}=20(倍)$$

一方面,市盈率越高,意味着企业未来成长的潜力越大,也即投资者对该股票的评价越高,反之,投资者对该股票评价越低。另一方面,市盈率越高,说明投资于该股票的风险越大,市盈率越低,说明投资于该股票的风险越小。

影响企业股票市盈率的因素有:第一,上市公司盈利能力的成长性。如果上市公司预期盈利能力不断提高,说明企业具有较好的成长性,虽然目前市盈率较高,也值得投资者进行投资。第二,投资者所获取报酬率的稳定性。如果上市公司经营效益良好且相对稳定,则投资者获取的收益也较高且稳定,投资者就愿意持有该企业的股票,则该企业的股票市盈率会由于众多投资者的普遍看好而相应提高。第三,市盈率也受到利率水平变动的影响。当市场利率水平变化时,市盈率也应作相应的调整。在股票市场的实务操作中，利率与市盈率之间的关系常用如下公式表示：

$$市场平均市盈率 = \frac{1}{市场利率}$$

所以，上市公司的市盈率一直是广大股票投资者进行中长期投资的重要决策指标。

对于因送红股、公积金转增资本、配股造成股本总数比上一年年末数增加的公司，其每股税后利润按变动后的股本总数予以相应的摊簿。

（四）每股净资产

每股净资产，又称每股账面价值，是指企业净资产与发行在外的普通股股数之间的比率。用公式表示为：

$$每股净资产 = \frac{股东权益总额}{发行在外的普通股股数}$$

【例6-7】 某上市公司20×8年年末股东权益为15 600万元，全部为普通股，年末普通股股数为12 000万股。则每股净资产计算如下：

$$每股净资产 = \frac{15\,600}{12\,000} = 1.3（元）$$

每股净资产显示了发行在外的每一普通股股份所能分配的企业账面净资产的价值。这里所说的账面净资产是指企业账面上的总资产减去负债后的余额，即股东权益总额。每股净资产指标反映了在会计期末每一股份在企业账面上到底值多少钱，它与股票面值、发行价值、市场价值乃至清算价值等往往有较大差距。

利用该指标进行横向和纵向对比，可以衡量上市公司股票的投资价值。如在企业性质相同、股票市价相近的条件下，某一企业股票的每股净资产越高，则企业发展潜力与其股票的投资价值越大，投资者所承担的投资风险越小。但是也不能一概而论，在市场投机气氛较浓的情况下，每股净资产指标往往不太受重视。投资者，特别是短线投资者注重股票市价的变动，有的企业的股票市价低于其账面价值，投资者会认为这个企业没有前景，从而失去对该企业股票的兴趣；如果市价高于其账面价值，而且差距较大，投资者会认为企业前景良好，有潜力，因而甘愿承担较大的风险购进该企业股票。

（五）市净率

市净率是每股市价与每股净资产的比率，是投资者用以衡量、分析个股是否具有投资价值的工具之一。市净率的计算公式如下：

$$市净率 = \frac{每股市价}{每股净资产}$$

【例6-8】 沿用例6-7资料，同时假定该上市公司20×8年年末每股市价为3.9元，则该公司20×8年年末市净率计算如下：

$$市净率 = \frac{3.9}{1.3} = 3（倍）$$

净资产代表的是全体股东共同享有的权益，是股东拥有公司财产和公司投资价值最基本的体现，它可以用来反映企业的内在价值。一般来说，市净率较低的股票，投资价值较高；反之，则投资价值较低。但有时较低市净率反映的可能是投资者对公司前景的不良预期，而较高市净率则相反。因此，在判断某只股票的投资价值时，还要综合考虑当时的市场环境以及公司经营情况、资产质量和盈利能力等因素。

二、管理层讨论与分析

管理层讨论与分析是上市公司定期报告中管理层对于本企业过去经营状况的评价分析以及对企业和未来发展趋势的前瞻性判断，是对企业财务报表中所描述的财务状况和经营成果的解释，是对经营中固有风险和不确定性的揭示，同时也是对企业未来发展前景的预期。上市公司"管理层讨论与分析"主要包括两部分：报告期间经营业绩变动的解释与前瞻性信息。

第三节　企业综合绩效分析与评价

财务分析的最终目的在于全面、准确、客观地揭示与披露企业财务状况和经营情况，并借以对企业经济效益优劣作出合理的评价。因此，只有将企业偿债能力、营运能力、投资收益实现能力以及发展趋势等各项分析指标有机地联系起来，作为一套完整的体系，相互配合使用，作出系统地综合评价，才能从总体意义上把握企业财务状况和经营情况的优劣。

综合分析的意义在于能够全面、正确地评价企业的财务状况和经营成果，因为局部不能替代整体，某项指标的好坏不能说明整个企业经济效益的高低。除此之外，综合分析的结果在进行企业不同时期比较分析和不同企业之间比较分析时消除了时间上和空间上的差异，使之更具有可比性，有利于总结经验、吸取教训、发现差距、赶超先进。进而，从整体上、本质上反映和把握企业生产经营的财务状况和经营成果。

一、企业综合绩效分析的方法

企业综合绩效分析方法有很多，传统方法主要有杜邦分析法和沃尔评分法等，本章主要讲杜邦分析法。

（一）杜邦分析法

杜邦分析法，又称杜邦财务分析体系，简称杜邦体系，是利用各主要财务比率指标间的内在联系，对企业财务状况及经济效益进行综合系统分析评价的方法。该体系是以净资产收益率为起点，以总资产净利率和权益乘数为核心，重点揭示企业获利能力及权益乘数对净资产收益率的影响，以及各相关指标间的相互影响作用关系。因其最初由美国杜邦企业成功应用，故得名。

杜邦分析法将净资产收益率（权益净利率）分解如图 6-1 所示。其分析关系式为：

$$净资产收益率＝销售净利率×总资产周转率×权益乘数$$

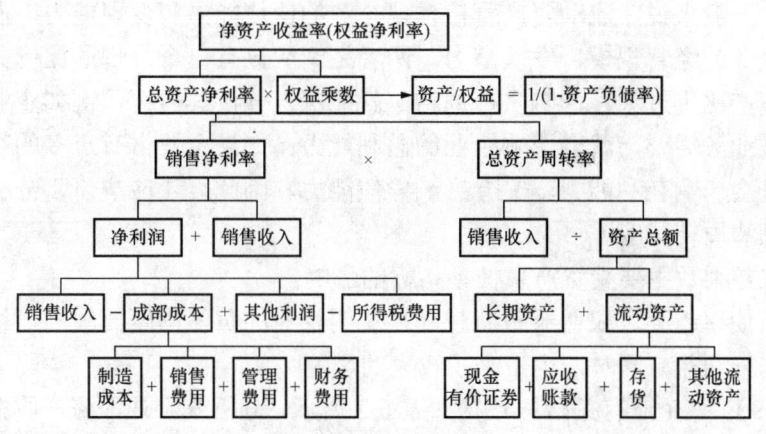

图 6-1 杜邦分析体系

注：① 本章销售净利率即营业净利率，销售收入即营业收入，销售费用即营业费用。
② 上图中有关资产、负债与权益指标通常用平均值计算。

运用杜邦分析法需要抓住以下几点：

(1) 净资产收益率是一个综合性最强的财务分析指标，是杜邦分析体系的起点。

财务管理的目标之一是使股东财富最大化，净资产收益率反映了企业所有者投入资本的获利能力，说明了企业筹资、投资、资产营运等各项财务及其管理活动的效率，而不断提高净资产收益率是使所有者权益最大化的基本保证。所以，这一财务分析指标是企业所有者、经营者都十分关心的。而净资产收益率高低的决定因素主要有三个，即销售净利率、总资产周转率和权益乘数。这样，在进行分解之后，就可以将净资产收益率这一综合性指标升降变化的原因具体化，从而它比只用一项综合性指标更能说明问题。

(2) 销售净利率反映了企业净利润与销售收入的关系，它的高低取决于销售收入与成本总额的高低。

要向提高销售净利率，一是要扩大销售收入，二是要降低成本费用。扩大销售收入既有利于提高销售净利率，又有利于提高总资产周转率。降低成本费用是提高销售净利率的一个重要因素，从杜邦分析图可以看出成本费用的基本结构是否合理，从而找出降低成本费用的途径和加强成本费用控制的办法。如果企业财务费用支出过高，就要进一步分析其负债比率是否过高；如果管理费用过高，就要进一步分析期资产周转情况等。从图 6-1 中还可以看出，提高销售净利率的另一途径是提高其他利润。为了详细地了解企业成本费用的发生情况，在具体列示成本总额时，还可根据重要性原则，将那些影响较大的费用单独列示，以便为寻求降低成本的途径提供依据。

（3）影响总资产周转率的一个重要因素是资产总额。

资产总额由流动资产与长期资产组成，它们的结构合理与否将直接影响资产的周转速度。一般来说，流动资产直接体现企业的偿债能力和变现能力，而长期资产则体现了企业的经营规模、发展潜力。两者之间应该有一个合理的比例关系。如果发现某项资产比重过大，影响资金周转，就应深入分析其原因，例如企业持有的货币资金超过业务需要，就会影响企业的盈利能力；如果企业占有过多的存货和应收账款，则既会影响获利能力，又会影响偿债能力。因此，还应进一步分析各项资产的占用数额和周转速度。

（4）权益乘数主要受资产负债率指标的影响。

资产负债率越高，权益乘数就越高，说明企业的负债程度比较高，给企业带来了较多的杠杆利益，同时，也带来了较大的风险。

【例 6-9】某企业有关财务数据如表 6-2 所示。分析该企业净资产收益率变化的原因（表 6-3）。

表 6-2　基本财务数据

单位：万元

年度	净利润	销售收入	平均资产总额	平均负债总额	全部成本	制造成本	销售费用	管理费用	财务费用
20×7	10 284.04	411 224.01	306 222.94	205 677.07	403 967.43	373 534.53	10 203.05	18 667.77	1 562.08
20×8	12 653.92	757 613.81	330 580.21	215 659.54	736 747.24	684 261.91	21 740.96	25 718.20	5 026.17

表 6-3　财务比率

年度	20×7	20×8
净资产收益率	10.23%	11.01%
权益乘数	3.05	2.88
资产负债率	67.2%	65.2%
总资产净利率	3.36%	3.83%
销售净利率	2.5%	1.67%
总资产周转率（次）	1.34	2.29

（1）对净资产收益率的分析。该企业的净资产收益率在 20×7 年至 20×8 年间出现了一定程度的好转，从 20×7 年的 10.23%增加至 20×8 年的 11.01%。企业的投资者在很大程度上依据这个指标来判断是否投资或是否转让股份，考察经营者业绩和决定股利分配政策。这些指标对企业的管理者也至关重要。

净资产收益率＝权益乘数×总资产净利率

20×7 年　　10.23%＝3.05×3.36%

20×8 年　　11.01%＝2.88×3.83%

通过分解可以明显地看出，该企业净资产收益率的变动在于资本结构（权益乘数）变动和资产利用效果（总资产净利率）变动两方面共同作用的结果，而该企业的总资产净利率太低，显示出很差的资产利用效果。

（2）对总资产净利率的分析。

总资产净利率＝销售净利率×总资产周转率

20×7 年　　　3.36%＝2.5%×1.34

20×8 年　　　3.83%＝1.67%×2.29

通过分解可以看出 20×8 年该企业的总资产周转率有所提高，说明资产的利用得到了比较好的控制，显示出比前一年较好的效果，表明该企业利用其总资产产生销售收入的效率在增加。总资产周转率提高的同时销售净利率的减少阻碍了总资产净利率的增加。

（3）对销售净利率的分析。

$$销售净利率 = \frac{净利润}{销售收入}$$

20×7 年　　　2.5%＝10 284.04÷411 224.01

20×8 年　　　1.67%＝12 653.92÷757 613.81

该企业 20×8 年大幅度提高了销售收入，但是净利润的提高幅度却很小，分析其原因是成本费用增多，从表 6-2 可知：全部成本从 20×7 年的 403 967.43 万元增加到 20×8 年的 736 747.24 万元，与销售收入的增加幅度大致相当。

（4）对全部成本的分析。

全部成本＝制造成本＋销售费用＋管理费用＋财务费用

20×7 年　　403 967.43＝373 534.53＋10 203.05＋18 667.77＋1 562.08

20×8 年　　736 747.24＝684 261.91＋21 740.96＋25 718.20＋5 026.17

本例中，导致该企业净资产收益率小的主要原因是全部成本过大。也正是因为全部成本的大幅度提高导致了净利润提高幅度不大，而销售收入大幅度增加，就引起了销售净利率的降低，显示出该企业销售盈利能力的降低。资产净利率的提高当归功于总资产周转率的提高，销售净利率的减少却起到了阻碍的作用。

（5）对权益乘数的分析。

$$权益乘数 = \frac{资产总额}{权益总额}$$

20×7 年　　3.05＝$\dfrac{306\ 222.94}{306\ 222.94 - 205\ 667.07}$

20×8 年　　2.88＝$\dfrac{330\ 580.21}{330\ 580.21 - 215\ 659.54}$

该企业下降的权益乘数，说明企业的资本结构在 20×7 年至 20×8 年发生了变动，20×8 年的权益乘数较 20×7 年有所减小。权益乘数越小，企业负债程度越低，偿还债务能力越强，财务风险有所降低。这个指标同时也反映了财务杠杆对利润水平的影响。该企业的权益乘数一直处于2~5之间，也即负债率在50%~80%之间，属于激进战略型企业。管理者应该准确把握企业所处的环境，准确预测利润，合理控制负债带来的风险。

（6）结论。对于该企业，最为重要的就是要努力降低各项成本，在控制成本上下功夫，同时要保持较高的总资产周转率。这样，可以使销售净利率得到提高，进而使总资产净利率有大的提高。

二、综合绩效评价

综合绩效评价是综合分析的一种，一般是站在企业所有者（投资人）的角度进行的。

综合绩效评价，是指运用数理统计和运筹学的方法，通过建立综合评价指标体系，对照相应的评价标准，定量分析与定性分析相结合，对企业一定经营期间的盈利能力、资产质量、债务风险以及经营增长等经营业绩和努力程度等各方面进行的综合评判。

科学地评价企业绩效，可以为出资人行使经营者的选择权提供重要依据；可以有效地加强对企业经营者的监管和约束；可以为有效激励企业经营者提供可靠依据；还可以为政府有关部门、债权人、企业职工等利益相关方提供有效的信息支持。

练 习 题

一、单项选择题

1. 以下方法中，不能用来提高销售净利率的是（   ）。
   A. 扩大销售收入　　　　　　　　B. 提高资产周转率
   C. 降低成本费用　　　　　　　　D. 提高其他利润
2. 企业所有者作为投资人，主要进行（   ）。
   A. 盈利能力分析　　　　　　　　B. 偿债能力分析
   C. 综合分析　　　　　　　　　　D. 运营能力分析
3. 在现在使用的沃尔评分法中，共计选用了10个财务指标，下列指标中没有被选用的是（   ）。
   A. 总资产报酬率　　　　　　　　B. 资产负债率
   C. 自有资本比率　　　　　　　　D. 总资产增长率
4. 采用比较分析法时，应当注意的问题不包括（   ）。
   A. 对比口径的一致性　　　　　　B. 应剔除偶发性项目的影响
   C. 应运用例外原则　　　　　　　D. 对比项目的相关性

5. 财务分析指标的局限性不包括（   ）。
   A. 财务指标体系不严密
   B. 财务指标所反映的情况具有独立性
   C. 财务指标的计算口径不一致
   D. 财务指标的评价标准不统一

6. 在下列各项中，计算结果等于每股股利的是（   ）。
   A. 股利总额/总股数   B. 股利总额/流通股数
   C. 利润总额/总股数   D. 净利润/流通股数

7. 企业计算稀释每股收益时，应当考虑的稀释性潜在的普通股不包括（   ）。
   A. 股份期权   B. 认股权证
   C. 可转换公司债券   D. 信用债券

8. 人们一般将其视为企业能否成功地达到其利润目标的计量标志的是（   ）。
   A. 每股收益   B. 每股净资产   C. 每股股利   D. 市盈率

9. 管理层讨论与分析信息大多涉及"内部性"较强的定性型软信息，因此我国实行披露的原则是（   ）。
   A. 自愿原则   B. 强制性原则
   C. 强制与自愿相结合原则   D. 以上选项都不正确

10. 在杜邦财务分析体系中，综合性最强的指标是（   ）。
    A. 净资产收益率   B. 总资产净利率
    C. 总资产周转率   D. 销售净利率

11. 下列属于财务绩效定量评价指标中反映企业债务风险状况的基本指标是（   ）。
    A. 现金流动负债比率   B. 带息负债比率
    C. 已获利息倍数   D. 速动比率

二、多项选择题

1. 财务分析的意义包括（   ）。
   A. 可以判断企业的财务实力
   B. 可以评价和考核企业的经营业绩，揭示财务活动存在的问题
   C. 可以挖掘企业潜力，寻求提高企业经营管理水平和经济效益的途径
   D. 可以评价企业的发展趋势

2. 以下关于比率分析法的说法，正确的有（   ）。
   A. 构成比率又称结构比率，利用构成比率可以考察总体中某个部分的形成和安排是否合理，以便协调各项财务活动
   B. 利用效率比率指标，可以考察企业有联系的相关业务安排得是否合理，以保障经营活动顺畅进行

C. 销售利润率属于效率比率
D. 相关比率是以某个项目和与其有关但又不同的项目加以对比所得的比率，反映有关经济活动的相互关系

3. 下列各项中属于相关比率的有（   ）。
   A. 资产负债率   B. 速动比率
   C. 销售净利率   D. 流动资产占总资产的比率

4. 运用因素分析法进行分析时，应注意的问题有（   ）。
   A. 因素分解的关联性   B. 因素替代的顺序性
   C. 顺序替代的连环性   D. 计算结果的准确性

5. 在财务分析中，资料来源的局限性主要包括（   ）。
   A. 报表数据的时效性   B. 报表数据的真实性
   C. 报表数据的可靠性   D. 报表数据的完整性

6. 下列有关计算稀释每股收益说法不正确的有（   ）。
   A. 认股权证、股份期权等的行权价格高于当期普通股平均市场价格时，应当考虑其稀释性
   B. 行权价格和拟行权时转换的普通股股数，只能按照认股权证合同不能按照股份期权合同确定
   C. 计算稀释每股收益时，作为分子的净利润金额不变
   D. 计算稀释每股收益时，分母中加上增加的普通股股数

7. 下列说法不正确的有（   ）。
   A. 上市公司每股股利发放多少，除了受上市公司获利能力大小影响以外，还取决于企业的股利发放政策
   B. 上市公司的市盈率一直是广大股票投资者进行短期投资的重要决策指标
   C. 市盈率越高，意味着企业未来成长的潜力越大，也即投资者对该股票的评价越高
   D. 市净率＝每股市价/每股净利润

8. 上市公司特殊财务分析指标包括（   ）。
   A. 每股收益   B. 每股股利   C. 市盈率   D. 每股净资产

9. 上市公司的"管理层讨论与分析"主要内容包括（   ）。
   A. 报告期间管理业绩变动的解释   B. 报告期间经营业绩变动的解释
   C. 企业未来发展的前瞻性信息   D. 内部信息的揭示

10. 下列各项措施中，可能直接影响企业净资产收益率指标的有（   ）。
    A. 提高营业净利率   B. 提高资产负债率
    C. 提高总资产周转率   D. 提高流动比率

三、判断题

1. 企业所有者作为投资人必须对企业经营理财的各个方面，包括运营能力、偿债能力、获利能力及发展能力的全部信息予以详尽地了解和掌握，主要进行各方面综合分析，并关注企业财务风险和经营风险。（　　）
2. 企业财务绩效定量评价是在管理绩效定性评价的基础上进行的。（　　）
3. 管理层讨论与分析是上市公司定期报告的重要组成部分。（　　）
4. 在财务分析中，将通过对比两期或连续数期财务报告中的相同指标，确定其增减变动的方向、数额和幅度，来说明企业财务状况或经营成果的变动趋势的方法称为比率分析法。（　　）
5. 比率分析法中的比率指标包括构成比率、效率比率、相关比率和定基动态比率。（　　）
6. 应收账款周转率属于财务绩效定量评价中评价企业资产质量状况的基本指标。（　　）
7. 在现代的沃尔评分法中，总资产报酬率的评分值为20分，标准比率为5.5%，行业最高比率为15.8%，最高评分为30分，最低评分为10分，A企业的总资产报酬率的实际值为10%，则A企业的该项得分为24.37分。（　　）
8. 市净率是每股市价与每股净资产的比率，反映的是投资者愿意为每股净资产支付的价格。（　　）
9. 财务绩效定量评价基本计分是按照加权平均法计分原理，将评价指标实际值对照行业评价标准值，按照规定的计分公式计算各项基本指标得分。（　　）

四、思考题

1. 甲公司2008年净利润4 760万元，发放现金股利190万元，发放负债股利580万元，2008年末的每股市价为20元。公司适用的所得税率为25%。其他资料如下：

资料1：2008年年初股东权益合计为10 000万元，其中股本4 000万元（全部是普通股，每股面值2元，全部发行在外）；

资料2：2008年3月1日新发行2 400万股普通股，发行价格为5元，不考虑发行费用；

资料3：2008年12月1日按照4元的价格回购600万股普通股；

资料4：2008年年初按面值的110%发行总额为880万元的可转换公司债券，票面利率为4%，债券面值为100元，转换比率为90。

要求：

（1）计算2008年的基本每股收益；

（2）计算2008年的稀释每股收益；

（3）计算 2008 年的每股股利；

（4）计算 2008 年末每股净资产；

（5）按照 2008 年末的每股市价计算市盈率和市净率。

2. 已知某公司 2008 年会计报表的有关资料如下：

金额单位：万元

资产负债表项目	年初数	年末数
资产	15 000	17 000
负债	6 000	6 800
所有者权益	9 000	10 200
利润表项目	上年数	本年数
营业收入	（略）	20 000
净利润	（略）	1 000

已知该公司 2007 年按照平均数计算的资产负债率是 50%，总资产周转率是 1.2 次，营业净利率是 4.5%。

要求：

（1）计算杜邦财务分析体系中的 2008 年的下列指标（时点指标按平均数计算）：

① 净资产收益率；

② 销售净利率；

③ 总资产周转率（保留三位小数）；

④ 权益乘数；

⑤ 净资产收益率。

（2）使用连环替代法依次分析销售净利率、总资产周转率、权益乘数对净资产收益率的影响数额。

附 录

附表一 复利终值系数表

期数	1%	2%	3%	4%	5%	6%	7%	8%	9%	10%
1	1.0100	1.0200	1.0300	1.0400	1.0500	1.0600	1.0700	1.0800	1.0900	1.1000
2	1.0201	1.0404	1.0609	1.0816	1.1025	1.1236	1.1449	1.1664	1.1881	1.2100
3	1.0303	1.0612	1.0927	1.1249	1.1576	1.1910	1.2250	1.2597	1.2950	1.3310
4	1.0406	1.0824	1.1255	1.1699	1.2155	1.2625	1.3108	1.3605	1.4116	1.4641
5	1.0510	1.1041	1.1593	1.2167	1.2763	1.3382	1.4026	1.4693	1.5386	1.6105
6	1.0615	1.1262	1.1941	1.2653	1.3401	1.4185	1.5007	1.5809	1.6771	1.7716
7	1.0721	1.1487	1.2299	1.3159	1.4071	1.5036	1.6058	1.7738	1.8280	1.9487
8	1.0829	1.1717	1.2668	1.3686	1.4775	1.5938	1.7182	1.8509	1.9926	2.1436
9	1.0937	1.1951	1.3048	1.4233	1.5516	1.6895	1.8385	1.9990	2.1719	2.3579
10	1.1046	1.2190	1.3439	1.4802	1.6289	1.7908	1.9672	2.1589	2.3674	2.5937
11	1.1157	1.2434	1.3824	1.5395	1.7103	1.8983	2.1049	2.3316	2.5804	2.5831
12	1.1268	1.2682	1.4258	1.6010	1.7959	2.0122	2.2522	2.5182	2.8127	3.1384
13	1.1381	1.2936	1.4685	1.6651	1.8856	2.1329	2.4098	2.7196	3.0658	3.4523
14	1.1459	1.3195	1.5126	1.7317	1.9799	2.2609	2.5785	2.9372	3.3417	3.7975
15	1.1610	1.3459	1.5580	1.8009	2.0789	2.3966	2.7590	3.1722	3.6425	4.1772
16	1.1726	1.3728	1.6047	1.8730	2.1829	2.5404	2.9522	3.4259	3.9703	4.8950
17	1.1843	1.4002	1.6528	1.9479	2.2920	2.6928	3.1588	3.7000	4.3276	5.0545
18	1.1961	1.4282	1.7024	2.0258	2.4066	2.8543	3.3799	3.9960	4.7171	5.5599
19	1.2801	1.4568	1.7535	2.1068	2.5270	3.0256	3.6165	4.3157	5.1417	6.1159
20	1.2202	1.4859	1.8061	2.1911	2.6533	3.2071	3.8697	4.6610	5.6044	6.7275
21	1.2324	1.5157	1.8603	2.2788	2.7860	3.3996	4.1406	5.0338	6.1088	7.4002
22	1.2447	1.5460	1.9161	2.3699	2.9253	3.6035	4.4304	5.4365	6.6586	8.1403
23	1.2572	1.5769	1.9736	2.4647	3.0715	3.8197	4.7405	5.8715	7.2579	8.2543
24	1.2697	1.6084	2.0328	2.5633	3.2251	4.0489	5.0724	6.3412	7.9111	9.8497
25	1.2824	1.6406	2.0938	2.6658	3.3864	4.2919	5.4274	6.8485	8.6231	10.835
26	1.2953	1.6734	2.1566	2.7725	3.5557	4.5494	5.8076	7.3964	9.3992	11.918
27	1.3082	1.7069	2.2213	2.8834	3.7335	4.8823	6.2139	7.9881	10.245	13.110
28	1.3213	1.7410	2.2879	2.9987	3.9201	5.1117	6.6488	8.6271	11.167	14.421
29	1.3345	1.7758	2.3566	3.1187	4.1161	5.4184	7.1143	9.3173	12.172	15.863
30	1.3478	1.8114	2.4273	3.2434	4.3219	5.7435	7.6123	10.063	13.268	17.449
40	1.4889	2.2080	3.2620	4.8010	7.0400	10.286	14.794	21.725	31.408	45.259
50	1.6446	2.6916	4.3839	7.1067	11.467	18.420	29.457	46.902	74.358	117.39
60	1.8167	3.2810	5.8916	10.520	18.679	32.988	57.946	101.26	176.03	304.48

续表

期数	12%	14%	15%	16%	18%	20%	24%	28%	32%	36%
1	1.1200	1.1400	1.1500	1.1600	1.1800	1.2000	1.2400	1.2800	1.3200	1.3600
2	1.2544	1.2996	1.3225	1.3456	1.3924	1.4400	1.5376	1.6384	1.7424	1.8496
3	1.4049	1.4815	1.5209	1.5609	1.6430	1.7280	1.9066	2.0872	2.3000	2.5155
4	1.5735	1.6890	1.7490	1.8106	1.9388	2.0736	2.3642	2.6844	3.0360	3.4210
5	1.7623	1.9254	2.0114	2.1003	2.2878	2.4883	2.9316	3.4360	4.0075	4.6526
6	1.9738	2.1950	2.3131	2.4364	2.6996	2.9860	3.6352	4.3980	5.2899	6.3275
7	2.2107	2.5023	2.6600	2.8262	3.1855	3.5832	4.5077	5.6295	6.9826	8.6054
8	2.4760	2.8526	3.0590	3.2784	3.7589	4.2998	5.5895	7.2508	9.2170	11.703
9	2.7731	3.2519	3.5179	3.8030	4.4355	5.1598	6.9310	9.2234	12.166	15.917
10	3.1058	3.7072	4.0456	4.4114	5.2338	6.1917	8.5944	11.806	16.060	21.647
11	3.4785	4.2262	4.6524	5.1173	6.1759	7.4301	10.657	15.112	21.119	29.439
12	3.8960	4.8179	5.3503	5.9360	7.2876	8.9161	16.386	24.759	36.937	54.451
13	4.3635	5.4924	6.1528	6.8858	8.5994	10.699	16.386	24.759	36.937	54.451
14	4.8871	6.2613	7.0757	7.9875	10.147	12.839	20.319	31.691	48.757	74.053
15	5.4736	7.1379	8.1371	9.2655	11.974	15.407	25.196	40.565	64.395	100.71
16	6.1304	8.1372	9.3576	10.748	14.129	18.448	31.243	51.923	84.954	136.97
17	6.8660	9.2765	10.761	12.468	16.672	22.186	38.741	66.461	112.14	186.28
18	7.6900	10.575	12.375	14.463	19.673	26.623	48.039	86.071	148.05	253.34
19	8.6128	12.056	14.232	16.777	23.214	31.948	59.568	108.89	195.39	344.54
20	9.6463	13.743	16.367	19.461	27.393	38.338	73.864	139.38	257.92	468.57
21	10.804	15.668	18.822	22.574	32.324	46.005	91.592	178.41	340.45	637.26
22	12.100	17.861	21.645	26.186	38.142	55.206	113.57	228.36	449.39	866.67
23	13.552	20.362	24.891	30.376	45.008	66.247	140.83	292.30	593.20	1178.7
24	15.179	23.212	28.625	35.236	53.109	79.497	174.63	374.14	783.02	1603.0
25	17.000	26.462	32.919	40.874	92.669	95.396	216.54	478.90	1033.6	2180.1
26	19.040	30.167	37.857	47.414	73.949	114.48	268.51	613.00	1364.3	2964.9
27	21.325	34.390	43.535	55.000	87.260	137.37	332.95	784.64	1800.9	4032.3
28	23.884	39.204	50.006	63.800	102.97	164.84	412.86	1004.3	2377.2	5483.9
29	26.750	44.693	57.575	74.009	121.50	197.81	511.95	1282.6	3137.9	7458.1
30	29.960	50.950	66.212	85.850	143.37	237.38	634.82	1645.5	4142.1	10143
40	93.051	188.83	267.86	378.72	750.38	1469.8	5455.9	19427	66521	*
50	289.00	700.23	1083.7	1670.7	3927.4	9100.4	46890	*	*	*
60	897.60	2595.9	4384.0	7370.2	20555	56348	*	*	*	*

*>99 999

附表二 复利现值系数表

期数	1%	2%	3%	4%	5%	6%	7%	8%	9%	10%
1	0.9901	0.9804	0.9709	0.9615	0.9524	0.9424	0.9346	0.9259	0.9174	0.9091
2	0.9803	0.9712	0.9426	0.9246	0.9070	0.8900	0.8734	0.8573	0.8417	0.8264
3	0.9706	0.9423	0.9151	0.8890	0.8638	0.8396	0.8163	0.7938	0.7722	0.7513
4	0.9610	0.9238	0.8885	0.8548	0.8227	0.7921	0.7629	0.7350	0.7084	0.6830
5	0.9515	0.9057	0.8626	0.8219	0.7835	0.7473	0.7130	0.6806	0.6499	0.6209
6	0.9420	0.8880	0.8375	0.7903	0.7462	0.7050	0.6663	0.6302	0.5963	0.5645
7	0.9327	0.8606	0.8131	0.7599	0.7107	0.6651	0.6227	0.5835	0.5470	0.5132
8	0.9235	0.8535	0.7874	0.7307	0.6768	0.6274	0.5820	0.5403	0.5019	0.4665
9	0.9143	0.8368	0.7664	0.7026	0.6446	0.5919	0.5439	0.5002	0.4604	0.4241
10	0.9053	0.8203	0.7441	0.6756	0.6139	0.5584	0.5083	0.4632	0.4224	0.3855
11	0.8963	0.8043	0.7224	0.6496	0.5847	0.5268	0.4751	0.4289	0.3875	0.3505
12	0.8874	0.7885	0.7014	0.6246	0.5568	0.4970	0.4440	0.3971	0.3555	0.3186
13	0.8787	0.7730	0.6810	0.6006	0.5303	0.4688	0.4150	0.3677	0.3262	0.2897
14	0.8700	0.7579	0.6611	0.5775	0.5051	0.4423	0.3878	0.3405	0.2992	0.2633
15	0.8613	0.7430	0.6419	0.5553	0.4810	0.4173	0.3624	0.3152	0.2745	0.2394
16	0.8528	0.7284	0.6232	0.5339	0.4581	0.3936	0.3387	0.2919	0.2519	0.2176
17	0.8444	0.7142	0.6050	0.5134	0.4363	0.3714	0.3166	0.2703	0.2311	0.1978
18	0.8360	0.7002	0.5874	0.4936	0.4155	0.3503	0.2959	0.2502	0.2120	0.1799
19	0.8277	0.6864	0.5703	0.4746	0.3957	0.3305	0.2765	0.2317	0.1945	0.1635
20	0.8195	0.6730	0.5537	0.4564	0.3769	0.3118	0.2584	0.2145	0.1784	0.1486
21	0.8114	0.6598	0.5375	0.4388	0.3589	0.2942	0.2415	0.1987	0.1637	0.1351
22	0.8034	0.6468	0.5219	0.4220	0.3418	0.2775	0.2257	0.1839	0.1502	0.1228
23	0.7954	0.6342	0.5067	0.4057	0.3256	0.2618	0.2109	0.1703	0.1378	0.1117
24	0.7876	0.6217	0.4919	0.3901	0.3101	0.2470	0.1971	0.1577	0.1264	0.1015
25	0.7798	0.6095	0.4776	0.3751	0.2953	0.2330	0.1842	0.1460	0.1160	0.0923
26	0.7720	0.5976	0.4637	0.3604	0.2812	0.2198	0.1722	0.1352	0.1064	0.0839
27	0.7644	0.5859	0.4502	0.3468	0.2678	0.2074	0.1609	0.1252	0.0976	0.0763
28	0.7568	0.5744	0.4371	0.3335	0.2551	0.1956	0.1504	0.1159	0.0895	0.0693
29	0.7493	0.5631	0.4243	0.3207	0.2429	0.1846	0.1406	0.1073	0.0822	0.0630
30	0.7419	0.5521	0.4120	0.3083	0.2314	0.1741	0.1314	0.0994	0.0754	0.0573
35	0.7059	0.5000	0.3554	0.2534	0.1813	0.1301	0.0937	0.0676	0.0490	0.0356
40	0.6717	0.4529	0.3066	0.2083	0.1420	0.0972	0.0668	0.0460	0.0318	0.0221
45	0.6391	0.4102	0.2644	0.1712	0.1113	0.0727	0.0476	0.0313	0.0207	0.137
50	0.6080	0.3715	0.2281	0.1407	0.0872	0.0543	0.0339	0.0213	0.0134	0.0085
55	0.5785	0.3365	0.1968	0.1157	0.0683	0.0406	0.0242	0.145	0.0087	0.0053

续表

期数	12%	14%	15%	16%	18%	20%	24%	28%	32%	36%
1	0.8929	0.8772	0.8696	0.8621	0.8475	0.8333	0.8065	0.7813	0.7576	0.7353
2	0.7972	0.7695	0.7561	0.7432	0.7182	0.6944	0.6504	0.6104	0.5739	0.5407
3	0.7118	0.6750	0.6575	0.6407	0.6086	0.5787	0.5245	0.4768	0.4348	0.3975
4	0.6355	0.5921	0.5718	0.5523	0.5158	0.4823	0.4230	0.3725	0.3294	0.2923
5	0.5674	0.5194	0.4972	0.4762	0.4371	0.4019	0.3411	0.2910	0.2495	0.2149
6	0.5066	0.4556	0.4323	0.4104	0.3704	0.3349	0.2751	0.2274	0.1890	0.1580
7	0.4523	0.3996	0.3759	0.3538	0.3139	0.2791	0.2218	0.1776	0.1432	0.1162
8	0.4039	0.3506	0.3269	0.3050	0.2660	0.2326	0.1789	0.1388	0.1085	0.0854
9	0.3606	0.3075	0.2843	0.2630	0.2255	0.1938	0.1443	0.1084	0.0822	0.0628
10	0.3220	0.2697	0.2472	0.2267	0.1911	0.1615	0.1164	0.0847	0.0623	0.0462
11	0.2875	0.2366	0.2149	0.1954	0.1619	0.1346	0.0938	0.0662	0.0472	0.0340
12	0.2567	0.2076	0.1869	0.1685	0.1373	0.1122	0.0757	0.0517	0.0357	0.0250
13	0.2292	0.1821	0.1628	0.1452	0.1163	0.0935	0.0610	0.0404	0.0271	0.0184
14	0.2046	0.1597	0.1413	0.1252	0.0985	0.0779	0.0492	0.0316	0.0205	0.0135
15	0.1827	0.1401	0.1229	0.1079	0.0835	0.0649	0.0397	0.0247	0.0155	0.0099
16	0.1631	0.1229	0.1069	0.0980	0.0709	0.0541	0.0320	0.0193	0.0118	0.0073
17	0.1456	0.1078	0.0929	0.0802	0.0600	0.0451	0.0259	0.0150	0.0089	0.0054
18	0.1300	0.0946	0.0808	0.0691	0.0508	0.0376	0.0208	0.0118	0.0068	0.0039
19	0.1161	0.0829	0.0703	0.0596	0.0431	0.0313	0.0168	0.0092	0.0051	0.0029
20	0.1037	0.0728	0.0611	0.0514	0.0365	0.0261	0.0135	0.0072	0.0039	0.0021
21	0.0926	0.0638	0.0531	0.0443	0.0309	0.0217	0.0109	0.0056	0.0029	0.0016
22	0.0826	0.0560	0.0462	0.0382	0.0262	0.0181	0.0088	0.0044	0.0022	0.0012
23	0.0738	0.0491	0.0402	0.0329	0.0222	0.0151	0.0071	0.0034	0.0017	0.0008
24	0.0659	0.0431	0.0349	0.0284	0.0188	0.0126	0.0057	0.0027	0.0013	0.0006
25	0.0588	0.0378	0.0304	0.0245	0.0160	0.0105	0.0046	0.0021	0.0010	0.0005
26	0.0525	0.0331	0.0264	0.0211	0.0135	0.0087	0.0037	0.0016	0.0007	0.0003
27	0.0469	0.0291	0.0230	0.0182	0.0115	0.0073	0.0030	0.0013	0.0006	0.0002
28	0.0419	0.0255	0.0200	0.1057	0.0097	0.0061	0.0024	0.0010	0.0004	0.0002
29	0.0374	0.0224	0.0174	0.0135	0.0082	0.0051	0.0020	0.0008	0.0003	0.0001
20	0.0334	0.0196	0.0151	0.0116	0.0070	0.0042	0.0016	0.0006	0.0002	0.0001
35	0.0189	0.0102	0.0075	0.0055	0.0030	0.0017	0.0005	0.0002	0.0001	*
40	0.0107	0.0053	0.0037	0.0026	0.0013	0.0007	0.0002	0.0001	*	*
45	0.0061	0.0027	0.0019	0.0013	0.0006	0.0003	0.0001	*	*	*
50	0.0035	0.0014	0.0009	0.0006	0.0003	0.0001	*	*	*	*
55	0.0020	0.0007	0.0005	0.0003	0.0001	*	*	*	*	*

*<0001

附表三 年金终值系数表

期数	1%	2%	3%	4%	5%	6%	7%	8%	9%	10%
1	1.0000	1.0000	1.0000	1.0000	1.0000	1.0000	1.0000	1.0000	1.0000	1.0000
2	2.0100	2.0200	2.0300	2.0400	2.0500	2.0600	2.0700	2.0800	2.0900	2.1000
3	3.0301	3.0604	3.0909	3.1216	3.1525	3.1836	3.2149	3.2464	3.2781	3.3100
4	4.0604	4.1216	4.1836	4.2465	4.3101	4.3746	4.4399	4.5061	4.5731	4.6410
5	5.1010	5.2040	5.3091	5.4163	5.5256	5.6371	5.7507	5.8666	5.9847	6.1051
6	6.1520	6.3081	6.4684	6.6330	6.8019	6.9753	7.1533	7.3359	7.5233	7.7156
7	7.2135	7.4343	7.6625	7.8983	8.1420	8.3938	8.6540	8.9228	9.2004	9.4872
8	8.2557	8.5830	8.8923	9.2143	9.5491	9.5975	10.260	10.637	11.028	11.436
9	9.3685	9.7546	10.159	10.593	11.027	11.491	11.978	12.488	13.021	13.579
10	10.462	10.950	11.464	12.006	12.578	13.181	13.816	14.487	15.193	15.937
11	11.567	12.169	12.808	13.486	14.207	14.972	15.784	16.645	17.560	18.531
12	12.683	13.412	14.192	15.026	15.917	16.870	17.888	18.977	20.141	21.384
13	13.809	14.680	15.618	16.627	17.713	18.882	20.141	21.495	22.953	24.523
14	14.947	15.974	17.086	18.292	19.599	21.015	22.550	24.214	26.019	27.975
15	16.097	17.293	18.599	20.024	21.579	23.276	25.129	27.152	29.361	31.772
16	17.258	18.639	20.157	21.825	23.657	25.673	27.888	30.324	33.003	35.950
17	18.430	20.012	21.762	23.698	25.840	28.213	30.840	33.750	36.974	40.545
18	19.615	21.412	23.414	25.645	28.132	30.906	33.999	37.450	41.301	45.599
19	20.811	22.841	25.117	27.671	30.539	33.760	37.379	41.446	46.018	51.159
20	22.019	24.297	26.870	29.778	33.066	36.786	40.955	45.752	51.160	57.275
21	23.239	25.783	28.676	31.969	35.719	39.993	44.865	50.423	56.765	64.002
22	24.472	27.299	30.537	34.249	38.505	43.392	49.006	55.457	62.873	71.403
23	25.716	28.845	32.453	36.618	41.430	46.996	53.436	60.883	69.532	79.543
24	26.973	30.422	34.426	39.083	44.502	50.816	58.177	66.765	76.790	88.497
25	28.243	32.030	36.459	41.646	47.727	54.863	63.294	73.106	84.701	98.347
26	29.526	33.671	38.553	44.312	51.113	59.153	68.676	79.954	93.324	109.18
27	30.821	35.344	40.710	47.084	54.669	63.706	74.484	87.351	102.72	121.10
28	32.129	37.051	42.931	49.968	58.403	68.528	80.698	95.339	112.97	134.21
29	33.450	38.792	45.219	52.966	62.323	73.640	87.347	103.97	124.14	148.60
30	34.785	40.568	47.575	56.085	66.439	79.058	94.461	113.28	136.31	164.49
40	48.886	60.402	75.401	95.026	120.80	154.76	199.64	259.06	337.88	442.59
50	64.463	84.579	112.80	152.67	209.35	290.34	406.53	573.77	815.08	1163.9
60	81.670	114.05	163.05	237.99	353.58	533.13	813.52	1253.2	1944.8	3034.8

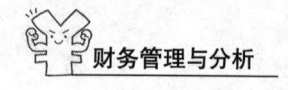

续表

期数	12%	14%	15%	16%	18%	20%	24%	28%	32%	36%
1	1.0000	1.0000	1.0000	1.0000	1.0000	1.0000	1.0000	1.0000	1.0000	1.0000
2	2.1200	2.1400	2.1500	2.1600	2.1800	2.2000	2.2400	2.2800	2.3200	2.3600
3	3.3744	3.4396	3.4725	3.5056	3.5724	3.6400	3.7776	3.9184	3.0624	3.2096
4	4.7793	4.9211	4.9934	5.0665	5.2154	5.3680	5.6842	6.0156	6.3624	6.7251
5	6.3528	6.6101	6.7424	6.8771	7.1542	7.4416	8.0484	8.6999	9.3983	10.146
6	8.1152	8.5355	8.7537	8.9775	9.4420	9.9299	10.980	12.136	13.406	14.799
7	10.089	10.730	11.067	11.414	12.142	12.916	14.615	16.534	18.696	21.126
8	12.300	13.233	13.727	14.240	15.327	16.499	19.123	22.163	25.678	29.732
9	14.776	16.085	16.786	17.519	19.086	20.799	24.712	29.369	34.895	41.435
10	17.549	19.337	20.304	21.321	23.521	25.959	31.643	38.593	47.062	57.352
11	20.655	23.045	24.349	25.733	28.755	32.150	40.238	50.398	63.122	78.988
12	24.133	27.271	29.002	30.850	34.931	39.581	50.895	65.510	84.320	108.44
13	28.029	32.089	34.352	36.786	42.219	48.497	64.110	84.583	112.30	148.47
14	32.393	37.581	40.505	43.672	50.818	59.196	80.496	109.61	149.24	202.93
15	37.280	43.842	47.580	51.660	60.965	72.035	100.82	141.30	198.00	276.98
16	42.753	50.980	55.717	60.925	72.939	87.442	126.01	181.87	262.36	377.69
17	48.884	59.18	65.075	71.673	87.068	105.93	157.25	233.79	347.31	514.66
18	55.750	68.394	75.836	84.141	103.74	128.12	195.99	300.25	459.45	770.94
19	63.440	78.969	88.212	98.603	123.41	154.74	244.03	385.32	607.47	954.28
20	72.052	91.025	102.44	115.38	146.63	186.69	303.60	494.21	802.86	1298.8
21	81.699	104.77	118.81	134.84	174.02	225.03	377.46	633.59	1060.8	1767.4
22	92.503	120.44	137.63	157.41	206.34	271.03	469.06	812.00	1401.2	2404.7
23	104.60	138.30	159.28	183.60	244.49	326.24	582.63	1040.4	1850.6	3271.3
24	118.16	185.66	184.17	213.98	289.49	392.48	723.46	1332.7	2443.8	4450.0
25	133.33	181.87	212.79	249.21	342.60	471.98	898.09	1706.8	3226.8	6053.0
26	150.33	208.33	245.71	290.09	405.27	567.38	1114.6	2185.7	4260.4	8233.1
27	169.37	238.50	283.57	337.50	479.22	681.85	1383.1	2798.7	5624.8	11198.0
28	190.70	272.89	327.10	392.50	566.48	819.22	1716.1	3583.3	7425.7	15230.3
29	214.58	312.09	377.17	456.30	669.45	984.07	2129.0	4587.7	9802.9	20714.2
30	241.33	356.79	434.75	530.31	790.95	1181.9	2640.9	5873.2	12941	28172.3
40	767.09	1342.0	1779.1	2360.8	4163.2	7343.2	27290	69377	*	*
50	2400.0	4994.5	7217.7	10436	21813	45497	*	*	*	*
60	7471.6	18535	29220	46058	*	*	*	*	*	*

*>99999

附表四 年金现值系数表

期数	1%	2%	3%	4%	5%	6%	7%	8%	9%
1	0.9901	0.9804	0.9709	0.9615	0.9524	0.9434	0.9346	0.9259	0.9174
2	1.9704	1.9416	1.9135	1.8861	1.8594	1.8334	1.8080	1.7833	1.7591
3	2.9410	2.8839	2.8286	2.7751	2.7232	2.6730	2.6243	2.5771	2.5313
4	3.9020	3.8077	3.7171	3.6299	3.5460	3.4651	3.3872	3.3121	3.2397
5	4.8534	4.7135	4.5797	4.4518	4.3295	4.2124	4.1002	3.9927	3.8897
6	5.7955	5.6014	5.4172	5.2421	5.0757	4.9173	4.7665	4.6229	4.4859
7	6.7282	6.4720	6.2303	6.0021	5.7864	5.5824	5.3893	5.2064	5.0330
8	7.6517	7.3255	7.0197	6.7327	6.4632	6.2098	5.9713	5.7466	5.5348
9	8.5660	8.1622	7.7861	7.4553	7.1078	6.8017	6.5152	6.2469	5.9952
10	9.4713	8.9826	8.5302	8.1109	7.7217	7.3601	7.0236	6.7101	6.417
11	10.3676	9.7868	9.2526	8.7605	8.3064	7.8869	7.4987	7.1390	6.8052
12	11.2551	10.5753	9.9540	9.3851	8.8633	8.3838	7.9427	7.5361	7.1607
13	12.1337	11.3484	10.6350	9.9856	9.3936	8.8527	8.3577	7.9038	7.4869
14	13.0037	12.1062	11.2961	10.5631	9.8986	9.2950	8.7455	8.2442	7.7862
15	13.8651	12.8493	11.9379	11.1184	10.3797	9.7122	9.1079	8.5595	8.0607
16	14.7179	13.577	12.5611	11.6523	10.8378	10.1059	9.4466	8.8514	8.3126
17	15.5623	14.2919	13.1661	12.1657	11.2741	10.4773	9.7632	9.1216	8.5436
18	16.3983	14.9920	13.7535	12.6896	11.6896	10.8276	10.0591	9.3719	8.7556
19	17.2260	15.6785	14.3238	13.1339	12.0853	11.1581	10.3356	9.6036	8.9601
20	18.0456	16.3514	14.8775	13.5903	12.4622	11.4699	10.5940	9.8181	9.1285
21	18.8570	17.0112	15.4150	14.0292	12.8212	11.7641	10.8355	10.0618	9.2922
22	19.6604	17.6580	15.9369	14.4511	13.4886	12.3034	11.0612	10.2007	9.4426
23	20.4558	18.2922	16.4436	14.8568	13.4886	12.3034	11.2722	10.3711	9.5802
24	21.2434	18.9139	16.9355	15.2470	13.7986	12.5504	11.4693	10.5288	9.7066
25	22.0232	19.5235	17.4131	15.6221	14.0939	12.7834	11.6536	10.6748	9.8226
26	22.7952	20.1210	17.8768	15.9828	14.3752	13.0032	11.8258	10.8100	9.9290
27	23.5596	20.7059	18.3270	16.3296	14.6430	13.2105	11.9867	10.9352	10.0266
28	24.3164	21.2813	18.7641	16.6631	14.8981	13.4062	12.1371	11.0511	10.1161
29	25.0658	21.8444	19.1885	16.9837	15.1411	13.5907	12.2777	11.1584	10.1983
30	25.8077	22.3965	19.6004	12.2920	15.3725	13.7648	12.4090	11.2578	10.2737
35	29.4086	24.9986	21.4872	18.6646	16.3742	14.4982	12.9477	11.6546	10.5668
40	32.8347	27.3555	23.1148	19.7928	17.1591	15.0463	13.3317	11.9246	10.7574
45	36.0945	29.4902	24.5187	20.7200	17.7741	15.4558	13.6055	12.1084	10.8812
50	39.1961	31.4236	25.7298	21.4822	18.2559	15.7619	13.8007	12.2335	10.9617
55	42.1472	33.1748	26.7744	22.1086	18.6335	15.9905	13.9399	12.3186	11.0140

续表

期数	10%	12%	14%	15%	16%	18%	20%	24%	28%	32%
1	0.9091	0.8929	0.8772	0.8696	0.8621	0.8475	0.8333	0.8065	0.7813	0.7576
2	1.7355	1.6901	1.6467	1.6257	1.6052	1.5656	1.5278	1.4568	1.3916	1.3315
3	2.4869	2.4018	2.3216	2.2832	2.2459	2.1743	2.1065	1.9813	1.8684	1.7663
4	3.1699	3.0373	2.9137	2.8550	2.7982	2.6901	2.5887	2.4043	2.2410	2.0957
5	3.7908	3.6048	3.4331	3.3522	3.2743	3.1272	2.9906	2.7454	2.5320	2.3452
6	4.3553	4.1114	3.8887	3.7845	3.6847	3.4976	3.3255	3.0205	2.7594	2.5342
7	4.8684	4.5638	4.2882	4.1604	4.0386	3.8115	3.6046	3.2423	2.9370	2.6775
8	5.3349	4.9676	4.6389	4.4873	4.3436	4.0776	3.8372	3.4212	3.0758	2.7860
9	5.7590	5.3282	4.9464	4.7716	4.6065	4.3030	4.0310	3.5655	3.1842	2.8681
10	6.1446	5.6502	5.2161	5.0188	4.8332	4.4941	4.1925	3.6819	3.2689	2.9304
11	6.4951	5.9377	5.4527	5.2337	5.0284	4.6560	4.3272	3.7757	3.3351	2.9776
12	6.8137	6.1944	5.6603	5.4206	5.1971	4.7932	4.4392	3.8514	3.3868	3.0133
13	7.1034	6.4235	5.8424	5.5831	5.3423	4.9095	4.5327	3.9124	3.4272	3.0404
14	7.3667	6.6282	6.0021	5.7245	5.4675	5.0081	4.6106	3.9616	3.4587	3.0609
15	7.6061	6.8109	6.1422	5.8474	5.5755	5.0916	4.6755	4.0013	3.4834	3.0764
16	7.8237	6.9740	6.2651	5.9542	5.6685	5.1624	4.7296	4.0333	3.5026	3.0882
17	8.0216	7.1196	6.3729	6.0472	5.7487	5.2223	4.7746	4.0591	3.5177	3.0971
18	8.2014	7.2497	6.4674	6.1280	5.8178	5.2732	4.8122	4.0799	3.5294	3.1039
19	8.3649	7.3658	6.5504	6.1982	5.8775	5.3162	4.8435	4.0967	3.5386	3.1090
20	8.5136	7.4694	6.6231	6.2593	5.9288	5.3527	4.8696	4.1103	3.5458	3.1129
21	8.6487	7.5620	6.6870	6.3125	5.9731	5.3838	4.8913	4.1212	3.5514	3.1158
22	8.7715	7.6446	6.7429	6.3587	6.0113	5.4099	4.9097	4.1300	3.5558	3.1180
23	8.8832	7.7184	6.7921	6.3988	6.0442	5.4321	4.9245	4.1371	3.5592	3.1197
24	8.9847	7.7843	6.8351	6.4338	6.0726	5.4509	4.9371	4.1428	3.5619	3.1210
25	9.0770	7.8431	6.8729	6.4641	6.0971	5.4669	4.9476	4.1474	3.5640	3.1220
26	9.1609	7.8957	6.9061	6.4906	6.1182	5.4804	4.9563	4.1511	3.5656	3.1227
27	9.2372	7.9426	6.9352	6.5135	6.1364	5.4919	4.9636	4.1542	3.5669	3.1233
28	9.3066	7.9844	6.9607	6.5335	6.1520	5.5016	4.9697	4.1566	3.5679	3.1237
29	9.3696	8.0218	6.9830	6.5509	6.1656	5.5098	4.9747	4.1585	3.5687	3.1240
30	9.4269	8.0552	7.0027	6.5660	6.1772	5.5168	4.9789	4.1601	3.5693	3.1242
35	9.6442	8.1755	7.0700	6.6166	6.2153	5.5386	4.9915	4.1644	3.5708	3.1248
40	9.7791	8.2438	7.1050	6.6418	6.2335	5.5482	4.1659	4.1659	3.5712	3.1250
45	9.8628	8.2825	7.1232	6.6543	6.2421	5.5523	4.9986	4.1664	3.5714	3.1250
50	9.9148	8.3045	7.1327	6.6605	6.2463	5.5541	4.9995	4.1666	3.5714	3.1250
55	9.9471	8.3170	7.1376	6.6636	6.2482	5.5549	4.9998	4.1666	3.5714	3.1250

练习题参考答案

第一章 总 论

一、单项选择题

1. A 2. D 3. A 4. D 5. C 6. B 7. B 8. B 9. B 10. D 11. D

二、多项选择题

1. ACD 2. AC 3. ABCD 4. ACD 5. ABC
6. ABD 7. ABD 8. BD 9. BCD 10. BD

三、判断题

1. × 2. √ 3. × 4. √ 5. × 6. × 7. × 8. × 9. × 10. ×

第二章 筹 资

一、单项选择题

1. B 2. A 3. C 4. A 5. A 6. A 7. D 8. C 9. C
10. B 11. C 12. A 13. C 14. A 15. D

二、多项选择题

1. ABC 2. ACD 3. AC 4. ABCD 5. AD
6. ABCD 7. ABCD 8. BCD 9. ABCD 10. AB
11. BCD 12. ABCD 13. ABC

三、判断题

1. × 2. √ 3. √ 4. × 5. × 6. √ 7. × 8. √
9. × 10. √ 11. √ 12. √

四、计算题

1.（1）长期借款占筹资总额的比重＝200/（200＋680＋320＋800）＝10%

长期债券占筹资总额的比重＝680/（200＋680＋320＋800）＝34%

留存收益占筹资总额的比重＝320/（200＋680＋320＋800）＝16%

普通股占筹资总额的比重＝800/（200＋680＋320＋800）＝40%

按账面价值计算的平均资本成本＝10%×4%＋34%×5%＋16%×6%＋40%×8%＝6.26%

（2）按市场价值权数计算的平均资本成本＝（4%×200＋5%×680＋6%×320＋8%×1 000）/（200＋680＋320＋1 000）＝6.42%。

2.（1）因为本题中 2008 年的销售收入最高，2004 年的销售收入最低，所以高点是 2008 年，低点是 2004 年。

① 每万元销售收入占用现金＝（750－700）/（12 000－10 000）＝0.025（万元）

② 销售收入占用不变现金总额＝700－0.025×10 000＝450（万元）

或＝750－0.025×12 000＝450（万元）

（2）总资金需求模型

① 根据 2009 年的预测数据和表 3 中列示的资料可以计算总资金需求模型中：

a＝1 000＋570＋1 500＋4 500－300－390＝6 880（万元）

b＝0.05＋0.14＋0.25－0.1－0.03＝0.31（万元）

所以总资金需求模型为：y＝6 880＋0.31x

② 2009 资金需求总量＝6 880＋0.31×20 000＝13 080（万元）

③ 2008 资金需求总量＝12 000－1 500－750＝9 750（万元）

2009 年需要增加的资金＝13 080－9 750＝3 330（万元）

2009 年外部筹资量＝3 330－100＝3 230（万元）

或者这样计算：

2009 年需要增加的资金

＝增加的资产－增加的应付费用和应付账款

＝[1 000＋570＋1 500＋4 500＋（0.05＋0.14＋0.25）×20 000－12 000]－[300＋390＋（0.1＋0.03）×20 000－（1 500＋750）]

＝4 370－1 040

＝3 330（万元）

2009 年外部筹资量＝3 330－100＝3 230（万元）

3. 2008 年的税前利润＝净利润/（1－所得税率）＝105/（1－25%）＝140（万元）

息税前利润＝税前利润＋利息费用＝140＋60＝200（万元）

息税前利润＝销售收入×（1－变动成本率）－固定生产经营成本

200＝1 000×（1－变动成本率）－200

变动成本率＝60%

增发股份＝300/10＝30（万股）

增加利息＝300×10%＝30（万元）

设每股收益无差别点销售收入为S：

则：[S×（1－60%）－200－70－30）]×（1－25%）/200

＝[S×（1－60%）－200－70]×（1－25%）/（200＋30）

解方程：

每股收益无差别点的销售收入＝1 250（万元）

由于预计的销售收入1 500万元大于每股收益无差别点的销售收入1 250万元，所以，应该选择增加借款的筹资方案，即选择方案1。

五、综合题

（1）目前情况：

边际贡献＝1 000×（1－60%）＝400（万元）

税前利润＝400－120＝280（万元）

（提示：全部固定成本和费用＝固定成本＋利息费用，故计算税前利润时，减掉120万元之后，不用再减掉利息费用了）

净利润＝280×（1－25%）＝210（万元）

平均所有者权益＝2 500×（1－40%）＝1 500（万元）

权益净利率＝210/1 500×100%＝14%

总杠杆系数＝400/280＝1.43

（2）追加实收资本方案：

边际贡献＝1 000×（1＋20%）×（1－55%）＝540（万元）

税前利润＝540－（120＋20）＝400（万元）

净利润＝400×（1－25%）＝300（万元）

平均所有者权益＝1 500＋200＝1700（万元）

权益净利率＝300/1 700×100%＝17.65%

总杠杆系数＝540/400＝1.35

由于与目前情况相比，权益净利率提高且总杠杆系数降低，所以，应改变经营计划。

（3）借入资金方案：

边际贡献＝1 000×（1＋20%）×（1－55%）＝540（万元）

利息增加＝200×12%＝24（万元）

税前利润＝540－（120＋20＋24）＝376（万元）

净利润＝376×（1－25%）＝282（万元）

平均所有者权益＝2 500×（1－40%）＝1 500（万元）

权益净利率＝282/1 500×100％＝18.8％

总杠杆系数＝540/376＝1.44

由于与目前情况相比，总杠杆系数提高了，因此，不应改变经营计划。

(4) 追加实收资本之后的利息＝2 500×40％×8％＝80（万元）

息税前利润＝税前利润＋利息＝400＋80＝480（万元）

或：息税前利润＝540－[（120－80）＋20]＝480（万元）

经营杠杆系数＝540/480＝1.13

第三章 投　资

一、单项选择题

1. B　2. B　3. D　4. B　5. B　6. B　7. D　8. C　9. D　10. C

二、多项选择题

1. ABCD　　2. BCD　　3. BD　　4. BCD　　5. AD
6. ABCD　　7. ABC　　8. ABC　　9. AD　　10. CD

三、判断题

1. ×　2. ×　3. ×　4. √　5. ×　6. ×　7. ×　8. ×　9. ×　10. ×

四、思考题

1.（1）投产后第1年的经营成本＝50＋40＋5＝95（万元）

投产后第2～9年的经营成本＝70＋50＋20＝140（万元）

投产后第10～15年的经营成本＝200－10－0＝190（万元）

(2) 投产后第1年不包括财务费用的总成本费用＝95＋（10＋5＋3）＝113（万元）

投产后第2～9年不包括财务费用的总成本费用＝140＋（10＋5＋0）＝155（万元）

投产后第10年不包括财务费用的总成本费用＝200（万元）

(3) 投产后第1年的应交增值税＝（营业收入－外购原材料、燃料和动力费）×增值税税率＝（200－50）×17％＝25.5（万元）

投产后第2～9年的应交增值税＝（300－70）×17％＝39.1（万元）

投产后第10～15年的应交增值税＝（400－100）×17％＝51（万元）

(4) 投产后第1年的营业税金及附加＝25.5×（7％＋3％）＝2.55（万元）

投产后第2～9年的营业税金及附加＝39.1×（7％＋3％）＝3.91（万元）

投产后第10～15年的营业税金及附加＝51×（7％＋3％）＝5.1（万元）

2.（1）甲方案项目计算期＝6年

（2）① 投产后各年的经营成本＝外购原材料、燃料和动力费100万元＋职工薪酬120万元＋其他费用50万元＝270（万元）

② 年折旧额＝（650－50）/10＝60（万元）

年摊销额＝（1 000－650－100）/10＝25（万元）

投产后各年不包括财务费用的总成本费用

＝270＋60＋25＝355（万元）

③ 投产后各年应交增值税

＝销项税额－进项税额

＝800×17%－100×17%＝119（万元）

营业税金及附加＝119×（3%＋7%）＝11.9（万元）

④ 投产后各年的息税前利润

＝800－355－11.9＝433.1（万元）

⑤NCF0＝－（1 000－100）＝－900（万元）

NCF1＝0

NCF2＝－100（万元）

NCF3～11＝433.1×（1－25%）＋60＋25

＝409.825（万元）

NCF12＝409.825＋（100+50）＝559.825（万元）

（3）A＝182＋72＝254（万元）

B＝1 790＋738＋280－1 000＝1 808（万元）

C＝－500－500＋172＋78＋172＋78＋172＋78＝－250（万元）

该方案的资金投入方式为分两次投入（或分次投入）。

(4)甲方案的不包括建设期的静态投资回收期（所得税后）＝1 000/250＝4（年）

甲方案包括建设期的静态投资回收期（所得税后）＝1＋4＝5（年）

乙方案不包括建设期的静态投资回收期（所得税后）＝1 000/409.825＝2.44（年）

乙方案包括建设期的静态投资回收期（所得税后）＝2.44＋2＝4.44（年）

丙方案包括建设期的静态投资回收期（所得税后）＝4＋250/254＝4.98（年）

丙方案不包括建设期的静态投资回收期（所得税后）＝4.98－1＝3.98（年）

（5）甲方案净现值

＝－1 000＋250×（P/A，10%，5）×（P/F，10%，1）

＝－1 000＋250×3.790 8×0.909 1

＝－138.45（万元）

乙方案净现值

＝－900－100×（P/F，10%，2）＋409.825×（P/A，10%，9）×（P/F，10%，2）

＋559.825×（P/F，10%，12）

=－900－100×0.826 4＋409.825×5.7590×0.826 4＋559.825×0.3186
=1 146.17（万元）

甲方案净现值小于0，不具备财务可行性；乙方案净现值大于0，具备财务可行性。

（6）乙方案年等额净回收额
=1 146.17/（P/A，10%，12）
=1 146.17/6.8137＝168.22（万元）

由于乙方案的年等额净回收额大于丙方案，因此，乙方案优于丙方案，所以该企业应该投资乙方案。

第四章 营运资金

一、单项选择题

1. C　2. D　3. A　4. B　5. B　6. A　7. A　8. C　9. C　10. C

二、多项选择题

1. AB　　2. ABC　　3. AC　　4. ABCD　　5. BC　　6. BC
7. ABCD　8. ABC　　9. ABCD　10. ABD　　11. ABC　12. ABCD

三、判断题

1. ×　2. ×　3. √　4. √　5. ×　6. √　7. ×　8. ×　9. ×　10. √

四、思考题

1. 要使变更经济合理，则：

新方案的信用成本≤原方案信用成本，即：

720×50/360×50%×6%＋720×7%＋新方案的收账费用≤720×60/360×50%×6%＋720×10%＋5

新方案的收账费用≤27.2（万元）

新增收账费用上限＝新方案的收账费用－原来的收账费用＝27.2－5＝22.2（万元）

2.（1）甲材料的经济订货批量＝（2×7 200×225/9)^（1/2）＝600（件）

（2）甲材料的年度订货批数＝7 200/600＝12（次）

（3）甲材料的相关储存成本＝600/2×9＝2 700（元）

（4）甲材料的相关订货成本＝12×225＝2 700（元）

（5）甲材料经济订货批量平均占用资金＝300×600/2＝90 000（元）

3. 每日耗用量＝360 000/360＝1 000（千克）

到货期天数、到货期耗用量及其概率分布如下：

天数	8	9	10	11	12
耗用量（千克）	8×1 000＝8 000	9 000	10 000	11 000	12 000
概率	0.1	0.2	0.4	0.2	0.1

全年订货次数＝360 000/90 000＝4（次）
平均交货期＝8×0.1＋9×0.2＋10×0.4＋11×0.2＋12×0.1＝10（天）
预计交货期内的需求＝1 000×10＝10 000（千克）
假设保险储备为0，此时，再定货点＝10 000＋0＝10 000（千克）
平均缺货量＝（11 000－10 000）×0.2＋（12 000－10 000）×0.1＝400（千克）
保险储备总成本＝400×8×4＋0＝12 800（元）
假设保险储备为1 000千克，此时，再定货点＝10 000＋1 000＝11 000（千克）
平均缺货量＝（12 000－11 000）×0.1＝100（千克）
保险储备总成本＝100×8×4＋1 000×2＝5 200（元）
假设保险储备为2 000千克，此时，再定货点＝10 000＋2 000＝12 000（千克）
不会发生缺货，即平均缺货量＝0
保险储备的总成本＝0×8×4＋2 000×2＝4 000（元）
所以，该企业合理的保险储备应该是2 000千克，再定货点为12 000千克。

4、（1）① 变动成本总额＝3 000－600＝2 400（万元）
② 变动成本率＝2 400/4 000×100%＝60%
（2）甲、乙两方案收益之差＝5 400×(1－60%)－5 000×(1－60%)＝160（万元）
（3）① 应收账款应计利息
＝（5 000×45）/360×60%×8%＝30（万元）
② 坏账成本＝5 000×2%＝100（万元）
③ 收账费用为20万元
④ 采用乙方案的应收账款相关成本费用
＝30＋100＋20＝150（万元）
（4）① 平均收账天数
＝10×30%＋20×20%＋90×50%＝52（天）
② 应收账款应计利息
＝（5 400×52）/360×60%×8%＝37.44（万元）
③ 坏账成本＝5 400×50%×4%＝108（万元）
④ 现金折扣成本
＝5 400×30%×2%＋5 400×20%×1%
＝43.2（万元）
⑤ 收账费用为50万元
⑥ 采用甲方案的应收账款相关成本费用

=37.44+108+50+43.2=238.64（万元）

（5）甲、乙两方案税前收益之差

=160－（238.64－150）=71.36（万元）大于 0，所以企业应选用甲方案。

第五章 收 益 分 配

一、单项选择题

1. D　　2. B　　3. B　　4. B　　5. B　　6. D　　7. D　　8. A

9. D　　10. A　　11. C　　12. B　　13. D

二、多项选择题

1. ABC　　2. ACD　　3. BCD　　4. ABCD　　5. BC　　6. ABC

7. ACD　　8. ABD　　9. ACD　　10. ABCD　　11. BD　　12. AB

三、判断题

1. √　2. ×　3. √　4. √　5. ×　6. ×　7. ×　8. ×　9. √　10. √　11. ×

四、思考题

1. 根据上述资料，列表计算如下：

年度	研发费支出 x（万元）	销售量 y（吨）	xy	x^2	y^2
20×1	90	3 200	288 000	8 100	10 240 000
20×2	140	3 400	476 000	19 600	11 560 000
20×3	100	3 250	325 000	10 000	10 562 500
20×4	125	3 350	418 750	15 625	11 222 500
20×5	140	3 500	490 000	19 600	12 250 000
20×6	135	3 450	465 750	18 225	11 902 500
20×7	105	3 300	346 500	11 025	10 890 000
20×8	150	3 600	540 000	22 500	12 960 000
合计	985	27 050	3 350 000	124 675	91 587 500

根据公式有：

b=（8×3 350 000－985×27 050）/（8×124 675－985×985）=5.73

a=（27 050－5.73×985）/8=2675.74

将 a、b 代入公式，得出结果，即 20×9 年的产品预测销售量为：

y =a+bx=2 675.74+5.73×160=3 592.54（吨）

2. 计划内单位丁产品价格＝（980 000/14 000＋180）×（1＋20%）/（1－5%）
＝315.79（元）

追加生产 1000 件的单位变动成本为 180 元，则：

计划外单位丁产品价格＝180×（1＋20%）/（1－5%）＝227.37（元）

因为额外订单单价高于其按单位变动成本计算的价格，故应该接受这一额外订单。

3.（1）2006 年度公司留存利润
＝1 300－600＝700（万元）

2007 年自有资金需要量
＝1 000×80%＝800（万元）

2007 年外部自有资金筹集数额
＝800－700＝100（万元）

（2）2005 年股利支付率＝600/1200＝50%

2006 年公司留存利润
＝1 300×（1－50%）＝650（万元）

2007 年自有资金需要量
＝1 000×80%＝800（万元）

2007 年外部自有资金筹集数额
＝800－650＝150（万元）

（3）2007 年自有资金需要量
＝1 000×80%＝800（万元）

2006 年发放的现金股利
＝1 300－800＝500（万元）

第六章 财 务 分 析

一、单项选择题

1. B　2. A　3. B　4. D　5. B　6. B　7. D　8. A　9. C　10. A　11. C

二、多项选择题

1. ABCD　2. ACD　3. AB　4. ABC　5. ABCD　6. ABCD
7. BD　8. ABCD　9. BC　10. ABC

三、判断题

1. ×　2. ×　3. √　4. ×　5. ×　6. √　7. √　8. ×　9. ×

四、思考题

1.（1）2008年年初的发行在外普通股股数＝4 000/2＝2 000（万股）
2008年发行在外普通股加权平均数＝2 000＋2 400×10/12－600×1/12＝3 950（股）
基本每股收益＝4 760/3 950＝1.21（元）
（2）稀释的每股收益：
可转换债券的总面值＝880/110%＝800（万元）
转股增加的普通股股数＝800/100×90＝720（万股）
转股应该调增的净利润＝800×4%×（1－25%）＝24（万元）
普通股加权平均数＝3 950＋720＝4 670（股）
稀释的每股收益＝（4 760＋24）/4 670＝1.02（元）
（3）2008年年末的普通股股数＝2 000＋2 400－600＝3 800（万股）
2008年每股股利＝190/3 800＝0.05（元）
（4）2008年年末的股东权益
＝10 000＋2 400×5－4×600＋（4760－190－580）
＝23 590（万元）
2008年年末的每股净资产＝23 590/3 800＝6.21（元）
（5）市盈率＝20/1.21＝16.53
市净率＝20/6.21＝3.22

2.（1）① 净资产收益率＝1 000/[（9 000＋10 200）/2]×100%＝10.42%
② 销售净利率＝1 000/20 000×100%＝5%
③ 总资产周转率＝20 000/[（15 000＋17 000）/2]＝1.25（次）
④ 权益乘数＝平均资产总额/平均所有者权益总额
＝[（15 000＋17 000）/2]/[（9 000＋10 200）/2]
＝1.667
⑤ 净资产收益率＝5%×1.25×1.667＝10.42%
或净资产收益率＝1 000/[（9 000＋10 200）/2]＝10.42%
（2）2007年的权益乘数＝1/（1－资产负债率）＝2
2007年的净资产收益率＝营业净利率×总资产周转率×权益乘数
＝4.5%×1.2×2＝10.8%
第一次替代：5%×1.2×2＝12%
第二次替代：5%×1.25×2＝12.5%
第三次替代：5%×1.25×1.667＝10.42%
所以销售净利率变动对净资产收益率的影响是：12%－10.8%＝1.2%
总资产周转率变动对净资产收益率的影响是：12.5%－12%＝0.5%
权益乘数变动对净资产收益率的影响是：10.42%－12.5%＝－2.08%
总的影响数额是1.2%＋0.5%－2.08%＝－0.38%